AF740987

www.ingramcontent.com/pod-product-compliance
Lightning Source LLC
LaVergne TN
LVHW050430061026
849532LV00008BB/2934
9789369083480

سیرتِ نبویؐ کے کچھ پہلو

(مضامین)

مرتبہ:

سید حیدر آبادی

Seerat-e-Nabavii ke kuch pahlu (Essays)
by: Syed Hyderabadi
Edition: June '2025
Publisher :
Taemeer Publications LLC (Michigan, USA / Hyderabad, India)

ISBN 978-93-6908-348-0

کتاب	:	**سیرتِ نبویؐ کے کچھ پہلو** (مضامین)
مرتب	:	**سید حیدرآبادی**
صنف	:	مذہب
ناشر	:	تعمیر پبلی کیشنز (حیدرآباد، انڈیا)
سالِ اشاعت	:	۲۰۲۵ء
صفحات	:	۷۴
سرورق ڈیزائن	:	تعمیر ویب ڈیزائن

فہرست

مطالعہ سیرت کی تین جہتیں

طالب محسن

سیرت النبی صلی اللہ علیہ وسلم کا مطالعہ، بالعموم، دو جہتوں سے کیا جاتا ہے۔ ایک جہت مطالعہ میں، قاری، نبی صلی اللہ علیہ وسلم کے کام اور کارناموں کا مطالعہ کرتا ہے، اور ان کی عظمت کے اعتراف اور خراج تحسین کے کلمات زبان پر لاتا ہے۔ اس جہت کو پسند کرنے والے لوگوں کو آپ کی مدینہ کی زندگی، جنگی کارنامے، طرز حکومت اور اس طرح کے دوسرے معاملات زیادہ قابل توجہ معلوم ہوتے ہیں اور اس میں وہ لوگ ہی زیادہ دل چسپی لیتے ہیں، جو انقلاب اسلامی کے لیے کوشاں ہیں اور اس کے لیے نبی صلی اللہ علیہ وسلم کی سیرت سے مثالیں اور لائحۂ عمل بر آمد کرنا چاہتے ہیں۔

دوسری جہت مطالعہ میں، نبی صلی اللہ علیہ وسلم کے کمالات کے غیر معمولی پہلو میں زیادہ دل چسپی لی جاتی ہے۔ واقعۂ معراج، اسرار نبوت اور دوسرے خلاف عموم واقعات، جیسے معجزات کا صدور، اس طرح کے لوگوں کی دل چسپی کا موضوع قرار پاتے ہیں۔ اور وہ معجزانہ واقعات کے مطالعے میں اس طرح دل چسپی لیتے ہیں کہ بدرجۂ آخر خود بھی ایسی ہی غیر معمولی صلاحیت حاصل کر لینے کے خواہاں ہو جاتے ہیں یا اس بات کو شخصی برتری کی علامت جاننے لگتے ہیں۔

قرآن مجید نے ان دونوں پہلوؤں کے برعکس نبی صلی اللہ علیہ وسلم کی سیرت کے

تیسرے پہلو کی طرف اشارہ کیا ہے، جس کا مطالعہ، سیرت میں، اصلاً پیش نظر ہونا چاہیے۔ اور وہ پہلو نبی صلی اللہ علیہ وسلم کے ذاتی کردار کا پہلو ہے۔

پہلی جہت، جس میں آپ کی زندگی کے مشن کے مراحل بیان ہوتے ہیں، اس کا بہت سا حصہ صرف منصب رسالت کے ساتھ خاص ہے، اور دوسری جہت، کلیۃً، انبیا و رسل کے ساتھ ہی مخصوص ہے۔ جس طرح پہلی جہت کے حوالے سے جو حقوق رسول اللہ صلی اللہ علیہ وسلم کو حاصل تھے، ہمیں حاصل نہیں ہو سکتے، اور نہ وہ خصوصیات ہی ہمارے اندر پیدا ہو سکتی ہیں۔ اسی طرح دوسری جہت میں انبیا و رسل کی خصوصیات بھی کسی آدمی کا نصیب نہیں ہیں۔ لیکن یہ بڑی بدقسمتی کی بات ہے کہ امت مسلمہ کی عظیم اکثریت انھی پہلوؤں کو اپنا مطمع نظر بنائے ہوئے ہے۔ جبکہ آپ کی سیرت کا وہ پہلو، جسے قرآن مجید اسوۂ حسنہ قرار دیتا ہے اور جسے اپنانے اور اختیار کرنے اور جس کی اتباع کی قرآن مجید تلقین کرتا ہے، مسلمانوں کی توجہ اس کی طرف کم ہی جاتی ہے۔

منصب رسالت کے مطالعے سے ہمیں اللہ کے رسولوں کے باب میں قانون الٰہی کا علم حاصل ہوتا ہے۔ ان کی نبوت کے فیضان سے ہمیں خدا کی مرضیات کا علم حاصل ہوتا ہے، اور ان کی سیرت ہمارے لیے جادۂ حیات کے مراحل میں مشعل راہ بنتی ہے۔

رسولوں اور نبیوں کی یہ خصوصیت کہ انھیں خدا اور فرشتوں کے ساتھ خصوصی تعلق ہوتا ہے، ختم نبوت کے بعد اس کے امکانات بھی ختم ہو گئے ہیں۔ پھر قرآن و حدیث اس تصور سے خالی ہیں کہ کسی شخص کی نیکی، اس کا خدا کی طرف لگاؤ، عبادت اور ذکر و تسبیح میں غیر معمولی اشتغال کسی شخص کو اس قابل بنا دیتے ہیں کہ اسے خدا کی طرف سے الہام ہو، فرشتوں سے اس کی ملاقات ہونے لگے یا اس کے وجود سے غیر معمولی واقعات ظاہر ہونے لگیں۔ یہاں تک کہ انبیا و رسل کے انتخاب کی بنیاد کی طرف

اشارہ کرتے ہوئے قرآن مجید اس بات کی قطعی نفی کرتا ہے کہ یہ منصب کسی فرد کی کسی کاوش یا محنت کا نتیجہ ہوتا ہے۔

نبی صلی اللہ علیہ وسلم نے دعوت دی، مدینے میں سرداران شہر نے دعوت قبول کر لی اور صرف مسلمان ہی نہیں ہوئے، بلکہ مدینے کو پہلی اسلامی ریاست بنا دینے پر تیار ہو گئے اور نبی صلی اللہ علیہ وسلم کو اس کا پہلا حکمران تسلیم کر لیا۔ پھر اس ریاست میں جو انقلاب برپا ہوا تھا، اسے پورے عرب تک پھیلانے کے لیے، اس ریاست کے شہریوں نے، اپنے جان و مال سے رسول اللہ صلی اللہ علیہ وسلم کا ساتھ دیا۔ اللہ کی خصوصی نصرت شامل حال رہی اور پورا جزیرہ نمائے عرب اس چھوٹی سی اسلامی ریاست کے زیر نگوں آگیا، یہاں تک کہ رسول اللہ صلی اللہ علیہ وسلم اس حال میں دنیا سے رخصت ہوئے کہ اسلامی افواج عرب کی سرحدوں سے آگے نکلنے کے لیے تیار تھیں۔ یہ، درحقیقت، ایک الٰہی منصوبہ تھا۔ اس کا تعلق کسی تدبیر سے نہیں تھا۔

رسول اللہ صادق اور امین تھے۔ رسول اللہ حد درجہ سخی تھے۔ رسول اللہ دین کے لیے غیر معمولی حمیت رکھتے تھے۔ رسول اللہ دوسروں کی مدد کرنے والے اور ان کے لیے ایثار کرنے میں سب سے آگے تھے۔ دین پر استقامت اور حق کے لیے ثابت قدمی میں آپ نے کبھی بال برابر بھی انحراف نہیں کیا۔ اپنے مدعوئین کے ساتھ نرم روی، خیر خواہی اور دل کی کشادگی میں کوئی آپ کا ہم سر نہ تھا۔ عفو و درگزر اور عیب پوشی آپ کے کردار کا ایک مستقل حصہ تھی۔ بیویوں سے معاملہ کیا تو دل داری اور انصاف کے سارے تقاضے پورے کر دیے۔ حکمران بنے تو انصاف، برابری اور حسن معاملہ کی اقدار پر حرف نہ آنے دیا۔ میدان جنگ میں اترے تو استقامت، بہادری اور صبر کے لحاظ سے بے مثال نظیریں قائم کر دیں۔ باپ کی حیثیت سے دیکھیے تو شفقت، سرپرستی اور تربیت جیسی تمام

ذمہ داریاں بتمام و کمال پوری کر دیں۔ اللہ کی عبادت کرتے تو خشوع و انابت، توجہ الی اللہ آپ کا سراپا ہو جاتیں۔ دین پر عمل کرنے میں ہمیشہ سبقت کے مقام پر رہے اور کوئی موقع ایسا نہیں آیا کہ آپ دوسرے درجے پر رہے ہوں۔ یہی، دراصل، اسوۂ رسول ہے اور یہی وہ پہلو ہے جسے قرآن مجید واجب الاتباع قرار دیتا ہے۔

***

سیرت محمد صلی اللہ علیہ وسلم کا مطالعہ: کیوں؟

شیخ مصطفی السباعی

سیرت محمد صلی اللہ علیہ وسلم کا مطالعہ - کیوں؟

ایک مسلمان ہونے کے ناطے یہ ہمارا عقیدہ ہے کہ صرف محمد صلی اللہ علیہ وسلم کی ذات ہی ہمارے لیے کامل نمونہ ہے۔ ہمارا یہ دعوی صرف عقیدت اور محبت کی بنیاد پر نہیں بلکہ عقل کا فیصلہ بھی یہی ہے اور تاریخ کی گواہی بھی یہی ہے کہ ہر انسان کی کامیابی آپ صلی اللہ علیہ وسلم کی دی ہوئی تعلیمات پر عمل کرنے میں ہے۔

سیرت نبوی کی متعدد خصوصیات ہیں جن کے مطالعہ سے نہ صرف یہ کہ تاریخی واقعات سے واقفیت حاصل ہوتی ہے بلکہ روح و عقل کو قوت حاصل ہوتی ہے۔ یہ مطالعہ جہاں علمائے کرام، دین کے داعیوں اور اجتماعی و سماجی مصلحین کے لیے بے حد ضروری ہے وہیں عام مسلمانوں کے لیے بھی ضروری ہے تاکہ وہ جان لیں کہ مشکلات و مسائل اور دکھوں اور پریشانیوں کا واحد علاج اسلام ہی ہے۔ ہم ذیل میں سیرت نبوی کی چند خصوصیات کا ذکر کرتے ہیں۔

پہلی خصوصیت

یہ ایک نبی، ایک عظیم ترین مصلح کی صحیح ترین سیرت ہے۔ یہ سیرت ہم تک اس طریقے سے پہنچی ہے جس سے اس نبی کی زندگی کے نمایاں واقعات اور اہم حالات کی

سچائی میں کوئی شک و شبہ باقی نہیں رہ جاتا۔ سیرت نبوی کی یہ خصوصیت شک و شبہ سے خالی ایک ٹھوس حقیقت ہے۔ اس صفت میں کوئی نبی و رسول آپ صلی اللہ علیہ وسلم کا مقابلہ نہیں کر سکتا۔ چنانچہ موسیٰ علیہ السلام کی سیرت صحیح ڈھنگ میں آج موجود نہیں ہے اور آپ کی سچی سیرت کا پتہ لگانے کے لیے موجودہ تورات کا سہارا بھی نہیں لیا جا سکتا اس لیے کہ علمائے یہود نے اس میں ترمیم و تبدیلی کر دی ہے۔ عیسیٰ علیہ السلام کی سیرت کا حال بھی یہی ہے۔ چنانچہ جس مجموعے کو انجیل کہا جاتا ہے اس کا حال یہ ہے کہ اس کے لکھنے والوں کے بارے میں بہت اختلاف ہے کہ وہ کون لوگ تھے اور کس زمانے کی پیداوار تھے؟

یہ تو دنیا کے مختلف مذاہب کے انبیاء اور رسولوں کی سیرتوں کا حال ہے، رہا دوسرے نظریات کے بانی اور فلسفیوں کی سیرتوں کا حال تو بس کاہنوں کی من گھڑت کہانیاں اور کچھ قصے ہیں جو نسل در نسل منتقل ہوتے رہے ہیں جنہیں ضد و عصبیت سے آزاد روشن عقل کبھی صحیح نہیں مان سکتی۔ غرض یہ کہ صحیح ترین سیرت اور علمی دلائل اور تواتر کی حد تک سچائی کو پہنچی ہوئی زندگی بس محمد صلی اللہ علیہ وسلم کی زندگی ہی ہے!

دوسری خصوصیت

ہم رسول اللہ علیہ وسلم کی زندگی کے تمام مراحل سے پوری طرح واقف ہیں۔ ہم آپ صلی اللہ علیہ وسلم کے والدین کی شادی سے لے کر آپ صلی اللہ علیہ وسلم کی وفات تک پوری زندگی سے آگاہ ہیں۔ ہم آپ کی ولادت، بچپن، جوانی، نبوت سے پہلے کے روزگار اور کمائی، مکہ کے باہر اس مقصد کے لیے آپ صلی اللہ علیہ وسلم کا سفر کرنا، پھر نبی بننا غرض یہ کہ سارے حالات اچھی طرح جانتے ہیں۔ پھر اس کے بعد سال بہ سال مکمل حالات نہایت واضح، مکمل اور نمایاں شکل میں ہمارے سامنے ہیں جس سے آپ صلی اللہ

علیہ وسلم کی سیرت سورج سے بھی زیادہ روشن ہو جاتی ہے۔ آپ کی نجی زندگی، اٹھنا بیٹھنا، کھانا پینا، لباس شکل وصورت، گفتگو، خاندان کے لوگوں سے معاملہ اور برتاؤ، عبادت و نماز، دوستوں کی صحبت و معاشرت غرض یہ کہ پوری زندگی ہماری نگاہوں کے سامنے ہے بلکہ آپ صلی اللہ علیہ وسلم کی سیرت بیان کرنے والوں کی محنت اتنی زیادہ ہے کہ حضور صلی اللہ علیہ وسلم کے سر مبارک اور داڑھی میں موجود سفید بالوں کی تعداد تک بیان کر ڈالی ہے۔ اس کی مثال کسی دوسرے رسول کی زندگی میں نہیں ملتی۔ اسی سے معلوم ہو جاتا ہے کہ آپ آخری نبی ہو کر دنیا میں تشریف لائے تھے۔

تیسری خصوصیت

اللہ کے رسول کی سیرت ایک ایسے انسان کی سیرت ہے جسے اللہ نے اپنا رسول بنایا تھا لیکن یہ سیرت انسانی حدود و اختیار سے باہر نہیں ہے۔ مفید نصیحتوں، میٹھی باتوں اور اچھی تعلیمات کی دنیا میں کمی نہیں، کمی جس چیز کی ہے وہ کام اور عمل ہے۔ آپ صلی اللہ علیہ وسلم نے جس بات کی دعوت دی خود اپنے عمل سے اس کو قابل عمل ثابت کیا۔ صلح و جنگ، فقر و دولت مندی، بندے اور رب کا تعلق، انسانوں کے آپس کے تعلقات، معاشرتی زندگی، ذاتی زندگی غرض یہ کہ ہر پہلو سے آپ صلی اللہ علیہ وسلم نے عملی مثال پیش کی اور آپ صلی اللہ علیہ وسلم کے صحابہ کرام رضی اللہ عنہم نے اس پر عمل کیا اور ان کے بعد بھی کروڑوں انسانوں نے اس پر عمل کر کے اس کے عملی ہونے کا ثبوت فراہم کیا ہے۔ در حقیقت آپ صلی اللہ علیہ وسلم کی زندگی ہر اس انسان کے لیے مکمل انسانی نمونہ اور اسوہ ہے جو خود شرافت کی زندگی بسر کرنا چاہتا ہے اور اپنے خاندان اور ماحول میں پاکیزہ رہنا چاہتا ہے اسی لیے اللہ تعالیٰ اپنی کتاب میں کہتا ہے:

{در حقیقت تم لوگوں کے لیے اللہ کے رسول میں ایک بہترین نمونہ ہے ہر اس

شخص کے لیے جو اللہ اور یوم آخرت کا امیدوار ہو اور اللہ کا ذکر کثرت سے کرتا ہو}
(احزاب:۲۱)

چوتھی خصوصیت

یہ صرف محمد صلی اللہ علیہ وسلم کی سیرت ہے جو ہمیں وہ دلیلیں فراہم کرتی ہے جو آپ صلی اللہ علیہ وسلم کی رسالت اور نبوت کی سچائی میں کوئی شبہ باقی نہیں رہنے دیتیں۔ یہ ایک انسان کامل کی سیرت ہے جو اپنی دعوت کو لے کر مرحلہ وار آگے بڑھا۔ معجزوں کے بل پر نہیں بلکہ فطری طریقے سے سارے مراحل طے کیے۔ دعوت دی تو ستائے گئے۔ تبلیغ کی تو ساتھیوں کی جماعت فراہم ہوئی۔ فاقے کیے، وطن چھوڑا۔ جنگ پر مجبور ہوئے تو اس سے بھی نہ رکے۔ خود زخم کھائے ساتھیوں نے جانیں قربان کیں، آپ کی قیادت حکمت اور عقلمندی کا شاہکار تھی۔ چنانچہ جس وقت آپ صلی اللہ علیہ وسلم کی وفات ہوئی ہے آپ کی دعوت تلوار کے زور پر نہیں بلکہ دعوت و عمل کے راستے سے پورے عرب پر چھا چکی تھی۔ جس شخص کو رسول اکرم صلی اللہ علیہ وسلم کی دعوت کی تاریخ معلوم ہے وہ جانتا ہے کہ عربوں نے آپ صلی اللہ علیہ وسلم کی جس طرح مخالفت کی، آپ کو قتل کرنے کی جو سازشیں کیں، آپ پر جنگ مسلط کی۔ اس کے باوجود ہر معرکہ میں افراد اور اسلحہ کی کمی کے باوجود آپ کو فتح نصیب ہوئی، صلح اور معاہدوں کو تا وفات آپ نے جس طرح نبھایا اور تئیس (۲۳) سال کی مختصر مدت میں جس طرح آپ کی دعوت پھیلی، اور جو قوت و طاقت حاصل ہوئی وہ اس وجہ سے ہوئی کہ آپ درحقیقت اللہ کے نبی تھے اور یہ کہ جو شخص جھوٹا ہو اس کی اس طرح کی مدد اللہ نہیں کرسکتا۔ چنانچہ رسول اللہ صلی اللہ علیہ وسلم کی سیرت عقل کی بنیاد پر بھی اپنی نبوت کی سچائی و حقانیت ثابت کرتی ہے۔

یہاں یہ بات یاد رکھنے کی ہے کہ جو معجزات آپ سے صادر ہوئے، وہ عربوں کے ایمان لانے کا بنیادی سبب نہیں تھے بلکہ ہمیں کوئی ایسا معجزہ نظر نہیں آتا جس کی وجہ سے کافروں نے اسلام قبول کر لیا ہو، بلکہ جو لوگ بھی مسلمان ہوئے عقل و وجدان کے اطمینان کے ذریعہ ہی مسلمان ہوئے۔ اور جب کفار قریش نے پچھلی قوموں کی طرح معجزات کا مطالبہ کیا تو اللہ نے آپ صلی اللہ علیہ وسلم کو حکم دیا کہ جواب میں کہیں:

{اور انھوں نے کہا ہم تیری بات نہ مانیں گے جب تک کہ تو ہمارے لیے زمین کو پھاڑ کر ایک چشمہ جاری نہ کر دے یا تیرے لیے کھجوروں اور انگوروں کا ایک باغ پیدا ہو اور تو اس میں نہریں نکال دے۔ یا تو آسمان کو ٹکڑے ٹکڑے کر کے ہمارے اوپر گرا دے جیسا کہ تیرا دعویٰ ہے یا اللہ اور فرشتوں کو ہمارے سامنے لے آئے یا تیرے لیے سونے کا ایک گھر بن جائے یا تو آسمان پر چڑھ جائے، اور تیرے چڑھنے کا بھی ہم یقین نہ کریں گے جب تک کہ تو ہمارے پاس ایک ایسی تحریر نہ اتار لائے جسے ہم پڑھیں، اے نبی صلی اللہ علیہ وسلم ان سے کہو: پاک ہے میرا پروردگار، کیا میں ایک پیغام لانے والے انسان کے سوا اور کچھ بھی ہوں۔} (بنی اسرائیل: ۹۰ تا ۹۳)

مزید یہ کہ معجزات بس دیکھنے والوں کے خلاف ہی دلیل بن سکتے ہیں اور بعد کے جن لوگوں نے نبی صلی اللہ علیہ وسلم کو نہیں دیکھا، نہ آپ کے معجزات کو دیکھا وہ محض عقلی و قطعی دلائل کی وجہ سے آپ پر ایمان لائے اور ان عقلی دلائل میں سرفہرست قرآن کریم ہے۔ یہ کتاب ایک عقلی معجزہ ہے جو ہر انصاف پسند اور صاحب عقل کو اس امر پر مجبور کر دیتی ہے کہ محمد صلی اللہ علیہ وسلم کی صدق و سچّائی اور نبوت و رسالت کی صداقت پر ایمان لائے۔ سورہ عنکبوت میں اللہ تعالیٰ صاف کہتا ہے:

{یہ لوگ کہتے ہیں کہ کیوں نہ اتاری گئیں اس شخص پر نشانیاں اس کے رب کی

طرف سے؟ کہو نشانیاں تو اللہ کے پاس ہیں اور میں صرف خبر دار کرنے والا ہوں کھول کھول کر۔ اور کیا ان لوگوں کے لیے یہ نشانی کافی نہیں ہے کہ ہم نے تم پر کتاب نازل کی جو انہیں پڑھ کر سنائی جاتی ہے؟ درحقیقت اس میں رحمت ہے اور نصیحت ان لوگوں کے لیے جو ایمان لاتے ہیں۔} (عنکبوت:۵۱،۵۰)

جو شخص قرآن کا مطالعہ گہرائی سے کرے گا وہ یہ محسوس کرے گا کہ اس کتاب نے اطمینان و سکون بخشنے کے لیے عقل کے فیصلے، محسوس و نظر آنے والے مناظر اور مکمل معرفت کا سہارا لیا ہے کیونکہ رسول امی تھے اور اس امیّت کو قرآن نے آپ کی نبوت کی صداقت پر دلیل کے طور پر پیش کیا ہے۔

آپ کی سیرت اس حوالے سے تمام دوسرے انبیاء کی سیرتوں سے قطعی مختلف ہے جن کی سیرتیں ہمیں بتاتی ہیں کہ عوام ان پر ایمان اسی وقت لائے جب ان کے ہاتھوں انہوں نے معجزات و خوارق دیکھ لیے۔ ان کی دعوت کے اصولوں اور قواعد کی سچائی میں انہوں نے عقل کے فیصلہ کو نہیں مانا۔ اس کے برخلاف آپ صلی اللہ علیہ وسلم پر کوئی ایک فرد بھی معجزات یا خارق عادت کسی چیز کو دیکھ کر ایمان نہیں لایا اسی طرح قرآن بالکل واضح اعلان کرتا ہے کہ محمد صلی اللہ علیہ وسلم انسان ہیں، رسول ہیں اور یہ کہ رسالت کے دعوے میں معجزات و خوارق پر اعتماد نہیں کیا جاسکتا۔ وہ تو عقلوں اور دلوں کو مخاطب کرتا ہے:

{پس جسے اللہ ہدایت بخشنے کا ارادہ کرتا ہے اس کا سینہ اسلام کے لیے کھول دیتا ہے۔} (انعام:۱۲۵)

پانچویں خصوصیت

رسول اللہ صلی اللہ علیہ وسلم کی سیرت انسانی زندگی کے تمام گوشوں اور شعبوں

کے لیے تعلیمات دیتی ہے۔ یہ ہمارے سامنے اس نوجوان کی زندگی پیش کرتی ہے جو رسالت سے پہلے سچے اور امانت دار کی حیثیت سے پہچانا جاتا تھا۔ اس رسول کی زندگی ہمارے سامنے رکھتی ہے جو ایک اللہ کی دعوت دیتا تھا اور اپنی دعوت کو پھیلانے کے لیے بہترین طریقے اختیار کرتا تھا۔ اپنے پیغام کو پہنچانے میں انتہا درجہ کی طاقت اور صلاحیت اور محنت صرف کرتا تھا۔ اسی طرح ہمارے سامنے ایک ایسے سربراہ مملکت کی تصویر آتی ہے جو اپنی مملکت کے لیے بہترین اور صحیح ترین انتظام کرتا تھا اور اپنی سمجھداری اور ہوشمندی، اخلاص و صداقت کے ذریعہ اس کی حفاظت کرتا تھا جس سے اس کی کامیابی یقینی ہو جاتی تھی۔

اسی طرح ہمارے سامنے ایک ایسے نبی کی زندگی ہے جو شوہر تھا، باپ تھا، شفقت و محبت کا پیکر، معاملات کا درست شوہر، بیوی بچوں کے تمام حقوق و ذمہ داریوں کو ادا کرنے والا تھا۔ ایسا رسول جو مرشد مربی تھا، اپنے ساتھیوں کی ایسی مثالی تربیت کرتا تھا کہ اپنا دل ان کے دلوں میں اتار دیتا اور اپنی روح ان کی ارواح میں بسا دیتا تھا جس کی وجہ سے چھوٹے بڑے تمام معاملات میں اس کے حکم کی اتباع کرتے تھے۔ بہترین دوست جو دوستی کی ذمہ داریاں پہچانتا اور انہیں اچھی طرح ادا کرتا تھا جس کی وجہ سے اس کے ساتھی اس سے اپنی جان سے زیادہ محبت کرتے تھے، اپنے اہل عیال اور عزیزوں سے زیادہ اسے محبوب رکھتے تھے۔

ایک سپہ سالار، ایک کامیاب جج، ایک کامیاب معلم، ایک کامیاب رہبر، ایک کامیاب سیاسی قائد، امانت دار تاجر اور سچا معاہدہ کرنے والا، غرض یہ کہ اللہ کے رسول کی سیرت زندگی کے تمام گوشوں پر محیط ہے اور ہر داعی، ہر رہبر، ہر باپ، ہر شوہر، ہر دوست، ہر مربی، سیاستداں، سربراہ مملکت وغیرہ کے لیے بہترین نمونہ ہے۔

ہم اس درجہ مکمل یا اس سے ملتی جلتی جامعیت کہیں نہیں پاتے۔ تاریخ ہمارے سامنے جن افراد کو کامیاب بنا کر پیش کرتی ہے وہ زندگی کے کسی ایک ہی میدان میں نمایاں ہوئے اور اس میں شہرت پائی۔ وہ تنہا انسان جو تمام طبقوں، گروہوں اور ہر فرد کے لیے نمونہ بن سکتا ہے بس محمد صلی اللہ علیہ وسلم کی شخصیت ہے۔

***

نبی آخر الزماں صلی اللہ علیہ وسلم بحیثیت امانت دار

دکتور عائض القرنی

شریعت اسلامیہ میں بلند اور اعلیٰ صفات کے لیے امانت ایک بنیادی قاعدے کی حیثیت رکھتی ہے۔ یہ رسالت محمدیہ کا ایک عظیم اخلاق اور اس کی مضبوط اساس ہے۔

امانت کا مطلب صرف مال کی حفاظت نہیں بلکہ اس کا مفہوم نہایت وسیع ہے۔ اقوال، اعمال، اعتقادات اور اخلاقیات بھی اس میں شامل ہیں۔

انبیاء علیہم السلام کی جلیل القدر صفات میں ایک صفت امانت بھی ہے۔ ہر نبی نے اپنی قوم سے کہا:

﴿اِنِّیْ لَکُمْ رَسُوْلٌ اَمِیْنٌ﴾

"بلاشبہ میں تمھارے لیے امانت دار رسول ہوں۔" (الشعراء 26:143)

بادشاہت اور حکمرانی کے لیے بھی سب سے بڑی شرط امانت ہے، جیسا کہ عزیز مصر نے سیدنا یوسف علیہ السلام سے کہا:

﴿اِنَّکَ الْیَوْمَ لَدَیْنَا مَکِیْنٌ اَمِیْنٌ﴾

یقیناً آج تو ہمارے ہاں بڑے مرتبے والا، امانت دار ہے۔" (یوسف 12:54)

اللہ کے نبی ہود علیہ السلام خود کو اپنی قوم کے سامنے پیش کرتے ہوئے کہتے ہیں:

﴿اُبَلِّغُکُمْ رِسٰلٰتِ رَبِّیْ وَ اَنَا لَکُمْ نَاصِحٌ اَمِیْنٌ﴾

"میں اپنے رب کے پیغامات تمھیں پہنچاتا ہوں اور میں تمھارا خیر خواہ اور امین ہوں۔" (الأعراف 7:68)

سیدنا موسیٰ علیہ السلام کے وصف میں کہا گیا ہے:

﴿قَالَتْ اِحْدٰىهُمَا يٰۤاَبَتِ اسْتَاْجِرْهُ اِنَّ خَيْرَ مَنِ اسْتَاْجَرْتَ الْقَوِيُّ الْاَمِيْنُ﴾

"اے ابا جان! اسے نوکر رکھ لیجیے۔ بلاشبہ بہترین شخص، جسے آپ ملازم رکھیں، وہی ہو سکتا ہے جو طاقتور ہو، امانت دار ہو۔" (القصص 26:26)

امانت میں سب سے زیادہ شہرت ہمارے رسول، اولاد آدم کے سردار محمد بن عبد اللہ ﷺ نے پائی۔ آپ ﷺ شرفِ نبوت ملنے سے پہلے اور بعد میں امین مشہور ہوئے۔ قریش کو آپ کی امانت داری اور سچائی کا اس حد تک اعتراف تھا کہ آپ اس صفت میں ضرب المثل تھے حتی کہ جب قبائل قریش کے درمیان حجر اسود نصب کرنے پر تنازع کھڑا ہوا تو انھوں نے اس بات پر اتفاق کیا کہ جو شخص اب حرم میں سب سے پہلے آئے گا، اس سے فیصلہ کرائیں گے۔ جب انھوں نے نبی ﷺ کو دیکھا تو بے ساختہ پکار اٹھے: امین آگئے محمد آگئے، ہم آپ کے فیصلے کو بخوشی منظور کریں گے۔ آپ ﷺ نے فرمایا:

"میرے پاس ایک کپڑا لاؤ۔ لوگ فوراً ایک کپڑا لائے۔ آپ ﷺ نے اپنے ہاتھ سے اُس کپڑے میں رکن، یعنی حجر اسود کو رکھا اور فرمایا: ہر قبیلے والے اس کپڑے کے کنارے پکڑیں اور اُس کو اٹھا کر دیوار کے پاس لے چلیں۔ جب وہ وہاں لے آئے تو آپ ﷺ نے اپنے مبارک ہاتھوں سے اسے اٹھا کر دیوار میں رکھ دیا۔ پھر اس کے اوپر دیوار اٹھا دی گئی۔" (السیرۃ النبویۃ لابن ہشام)

آپ ﷺ کی امانت داری ہی سیدہ خدیجہ سے شادی کا باعث بنی۔ آپ ﷺ کی

امانت داری کی شہرت کے بعد انھوں نے رسول اکرم) کو شام کی طرف اپنے مال تجارت پر امین مقرر کیا۔ یہ آپ ﷺ کی بعثت سے پہلے کی بات ہے۔ اپنے رب کو گواہ بنا کر بتائیں کہ اس امانت کا معیار اس وقت کتنا بلند ہو گا جب اللہ تعالی نے آپ کو جہان والوں کے لیے نبی اور اَن پڑھوں کے لیے رسول بنا کر بھیجا؟!

بعثت کے بعد تو آپ ﷺ کی امانت داری کی گواہی دوستوں سے پہلے دشمنوں نے دی۔ ہرقل کا ابو سفیان سے مکالمہ ہوا تو اس نے کہا: "اور میں نے تم سے پوچھا ہے کہ کیا اس نے کبھی غداری کی ہے تو تم نے کہا ہے کہ وہ غداری نہیں کرتا۔ اور رسول اسی طرح ہوتے ہیں کہ غداری اور خیانت نہیں کرتے۔" (صحيح البخاري، بدء الوحي، حديث: 7)

امانتوں کی ادائیگی اور مشکل ترین حالات اور بحرانوں میں حق والوں کو ان کے حقوق ادا کرنے میں آپ ﷺ ضرب المثل ہیں۔ قریش کی اذیتوں کے باوجود بھی آپ نے ہجرت مدینہ کے وقت ان کی امانتوں کی ادائیگی کا اہتمام کیا اور اس کے بارے میں سخت فکر مند تھے۔ اس کام کے لیے سیدنا علی رضی اللہ تعالی عنہ کو مقرر کیا اور امانتیں ان کے مالکان تک پہنچانے کی تاکید کی۔

اور جب سیدنا علی رضی اللہ تعالی عنہ نے یمن سے رسول اللہ ﷺ کے پاس سونے کا ایک ٹکڑا بھیجا اور آپ نے وہ چار نو مسلم سرداروں کی دل جوئی کے لیے ان میں تقسیم کر دیا تو بعض لوگوں نے اسے شک کی نگاہ سے دیکھا اور اس پر اعتراض کیا۔ آپ ﷺ نے قطعی دلیل کے ذریعے سے لوگوں کو لاجواب کر دیا اور عقل و دانش والوں سے ایک سوال کرتے ہوئے فرمایا:

((أَلَا تَأْمَنُونِي وَأَنَا أَمِينُ مَنْ فِي السَّمَاءِ، يَأْتِينِي خَبَرُ السَّمَاءِ صَبَاحًا وَّمَسَاءً))

"کیا تم مجھے امانت دار نہیں سمجھتے، حالانکہ میں آسمان والے رب کا امین ہوں۔ صبح و

شام میرے پاس آسمان کی خبریں آتی ہیں۔" (صحیح البخاري، المغازي، حديث: 4351)

سیدنا ابوہریرہ رضی اللہ تعالی عنہ ان سے روایت ہے، آپ ﷺ نے فرمایا:

"اللہ کی قسم! میں اپنے گھر والوں کے پاس لوٹتا ہوں اور اپنے بستر پر یا اپنے گھر میں ایک کھجور پڑی پاتا ہوں، میں اسے کھانے کے لیے اٹھاتا ہوں، پھر میں ڈرتا ہوں کہ کہیں یہ صدقہ نہ ہو یا صدقے میں سے نہ ہو تو میں اسے وہیں رکھ دیتا ہوں۔" (صحیح مسلم، الزکاۃ، حدیث: 1070)

سب سے عظیم امانت جو آپ کے کندھوں پر ڈالی گئی، وہ رسالت کی امانت ہے۔ آپ نے اسے سچائی کے ساتھ اٹھایا اور حق کے ساتھ ادا کیا۔ اس کی راہ میں آنے والی ہر اذیت برداشت کی۔ اس کی تبلیغ میں ہر مشقت اٹھائی۔ اسے نہایت خوبصورت طریقے سے پہنچایا اور نہایت اچھے انداز میں ادا کیا جس طرح امانتیں ادا کی جاتی ہیں اور پیغام رسالت پہنچایا جاتا ہے۔ آپ نے تیر تلوار، زبان و بیان اور دلیل و برہان کے ساتھ اللہ کا پیغام پہنچایا اور اس کی راہ میں اپنی جان، مال، خون، پسینہ، محنت و کوشش اور دن رات سب کچھ لگا دیا۔ اس وقت تک چین سے نہیں بیٹھے جب تک جہان والوں کو یہ امانت ادا نہیں کر دی جیسا کہ آپ ﷺ نے خطبہ الوداع میں فرمایا تھا:

"اے لوگو! میں تمھارے درمیان ایسی چیز چھوڑے جا رہا ہوں کہ اگر تم اسے مضبوطی سے پکڑے رہو تو کبھی گمراہ نہ ہوگے اور وہ ہے اللہ تعالی کی کتاب۔ اور تم سے روز قیامت میرے بارے میں سوال ہو گا تو پھر تم کیا کہو گے؟" سب صحابہ کرام نے عرض کیا کہ ہم گواہی دیں گے کہ بے شک آپ نے اللہ تعالیٰ کا پیغام پہنچایا اور رسالت کا حق ادا کیا اور امت کی خیر خواہی کی۔ پھر آپ ﷺ نے اپنی شہادت کی انگلی آسمان کی طرف اٹھائی اور لوگوں کی طرف جھکاتے رہے اور فرمایا: "اے اللہ! گواہ رہنا۔ اے اللہ!

گواہ رہنا۔ اے اللہ! گواہ رہنا۔" تین بار یہی فرمایا اور یونہی اشارہ کیا۔ (صحیح مسلم، الحج، حدیث:1218)

ہم چودہ صدیوں کے بعد بھی ان گواہی دینے والوں کے ساتھ گواہی دیتے ہیں کہ آپ ﷺ اپنے اس اعلان میں سچے تھے اور آپ نے یہ امانت ادا کرنے کا حق ادا کر دیا۔ اللہ تعالی آپ ﷺ کو ہماری طرف سے بہترین جزا دے جو وہ کسی نبی کو اس کی امت کی طرف سے دیتا ہے۔ اس چیز کی جزا جو آپ نے محنت و مشقت کی اور جان و مال کی قربانی دی۔ اور آپ ﷺ کے لیے صرف وہ جزا ہی کافی ہے جو اللہ تعالیٰ نے آپ کو میدان عرفہ میں حج اکبر کے دن عزت کا یہ تاج پہنا کر عطا کی:

﴿اَلْیَوْمَ اَکْمَلْتُ لَکُمْ دِیْنَکُمْ وَاَتْمَمْتُ عَلَیْکُمْ نِعْمَتِیْ وَرَضِیْتُ لَکُمُ الْاِسْلَامَ دِیْنًا﴾

"آج میں نے تمھارے لیے تمھارا دین مکمل کر دیا اور تم پر اپنی نعمت پوری کر دی، اور تمھارے لیے اسلام کو دین کے طور پر پسند کر لیا۔" (المائدۃ 3:5)

آپ ﷺ نے نہایت امانت سے اپنے اعضاء کی حفاظت کی۔ امت کو بھی اپنے اعضاء کی حفاظت کا درس دیا۔ دل، دماغ، کان، آنکھ، ہاتھ، پاؤں اور تمام اعضائے جسم پر اللہ تعالی کی نگرانی کا احساس اجاگر کر کے امت کا تزکیہ کیا، چنانچہ آپ ﷺ نے فرمایا:

"ابن آدم کے متعلق زنا میں سے اس کا حصہ لکھ دیا گیا ہے۔ وہ لازمًا اسے حاصل کرنے والا ہے۔ پس دونوں آنکھوں کا زنا دیکھنا ہے۔ زبان کا زنا بات کرنا ہے اور دل تمنا رکھتا ہے اور خواہش کرتا ہے اور شرم گاہ ان تمام باتوں کی تصدیق کرتی ہے، اسے عملاً سچ کر دکھاتی ہے اور حرام کا ارتکاب ہو جاتا ہے یا وہ اس کی تکذیب کرتی ہے اور عملاً زنا سے بچاؤ ہو جاتا ہے۔" (صحیح مسلم، القدر، حدیث:2657)

آپ ﷺ کے ہر لفظ و لہجہ اور تمام حرکات و سکنات پر امانت کا راج تھا۔ آپ کی

ہر ادا اور ہر عضو آپ کے امین و پاکیزہ ہونے کی گواہی دیتے تھے۔

آپ کی عظیم امانت داری میں یہ بات بھی ہے کہ آپ اپنی بھی زندگی کے جو اسرار و رموز پوشیدہ رکھنا پسند کرتے تھے، ان کے متعلق بھی جب وحی آگئی تو آپ نے کھول کر امت کے سامنے بیان کر دیے۔ سیدنا انس رضی اللہ تعالی عنہ اس بات کی گواہی دیتے ہوئے فرماتے ہیں کہ اگر رسول اللہ ﷺ کچھ چھپانے والے ہوتے تو سیدہ زینب ﷺ کی شادی والا معاملہ چھپاتے۔ کہتے ہیں کہ سیدہ زینب یا دوسری ازواج مطہرات پر فخر کرتے ہوئے کہتی تھیں: تمھاری شادیاں تمھارے گھر والوں نے کیں اور میری شادی اللہ تعالی نے سات آسمانوں کے اوپر سے کی۔

ثابت رحمۃ اللہ علیہ کے طریق سے سیدنا انس رضی اللہ تعالی عنہ سے مروی ہے، وہ کہتے ہیں کہ یہ آیت:

﴿وَتُخْفِي فِي نَفْسِكَ مَا اللَّهُ مُبْدِيهِ وَتَخْشَى النَّاسَ﴾

"اور آپ اپنے دل میں وہ بات (لے پالک کی مطلقہ سے نکاح) چھپاتے تھے جسے اللہ تعالی ظاہر کرنا چاہتا تھا، اور آپ لوگوں سے ڈرتے تھے۔" (الأحزاب 33:37)

سیدہ زینب اور سیدنا زید بن حارثہ رضی اللہ تعالی عنہما کے بارے میں نازل ہوئی۔ (صحيح البخاري، تفسير القرآن حديث:4787)

سیدنا عبد اللہ بن ام مکتوم رضی اللہ تعالی عنہ کے بارے میں جب اللہ تعالی نے آپ ﷺ سے اظہار ناراضی کرتے ہوئے فرمایا: ﴿عَبَسَ وَتَوَلَّىٰ﴾ تو آپ ﷺ کھڑے ہوئے اور لوگوں کے سامنے سورہ عبس کی تلاوت کی، حالانکہ اس میں رسول اکرم ﷺ کے اجتہاد کی وجہ سے آپ پر عتاب کیا گیا کیونکہ آپ نے نابینا ابن ام مکتوم رضی اللہ تعالی عنہ سے بے رخی برتی تھی۔

اسی طرح غزوہ تبوک سے پیچھے رہنے والے منافقوں کا عذر قبول کرنے کی وجہ سے بھی اللہ تعالی نے آپ پر عتاب کیا اور آپ ﷺ نے کھڑے ہو کر سب لوگوں کے سامنے اس عتابِ الٰہی کا ذکر کیا اور لوگوں کو باری تعالٰی کا فرمان پڑھ کر سنایا: ﴿عَفَا اللّٰهُ عَنْكَ لِمَ اَذِنْتَ لَهُمْ﴾

"اللہ نے آپ کو معاف کر دیا۔ آپ نے انھیں اجازت کیوں دی؟" (التوبۃ 9:43)

آپ ﷺ نے نہ تو کوئی حرف چھپایا نہ کسی لفظ کی تبدیلی کی بلکہ پوری امانت و صداقت اور وضاحت سے فرمان الٰہی بتادیا۔

آپ ﷺ میاں بیوی کا کوئی خاندانی مسئلہ مخفی رکھنا چاہتے تھے لیکن وحی کے ذریعے سے اسے کھول کر بیان کر دیا گیا تاکہ شکوک و شبہات ختم ہو جائیں اور آپ ﷺ کے رب نے آپ سے مخاطب ہو کر فرمایا:

﴿وَاِذْ اَسَرَّ النَّبِيُّ اِلٰى بَعْضِ اَزْوَاجِهٖ حَدِيْثًا ۚ فَلَمَّا نَبَّاَتْ بِهٖ وَاَظْهَرَهُ اللّٰهُ عَلَيْهِ عَرَّفَ بَعْضَهٗ وَاَعْرَضَ عَنْۢ بَعْضٍ ۚ﴾

"اور جب نبی نے اپنی کسی بیوی سے ایک بات چھپا کر کہی، پھر جب اس (بیوی) نے (دوسری کو) وہ (بات) بتادی اور اللہ نے وہ (گفتگو) اس (نبی) پر ظاہر کر دی تو اس نے اس میں سے کچھ (اس بیوی کو) بتائی اور کچھ رہنے دی۔" (التحریم 66:3)

نبیِ اکرم ﷺ نے لوگوں کے سامنے ان آیات کی تلاوت فرمائی تاکہ امت قیامت تک ان کی تلاوت کرتی رہے حتی کہ بعض دلی جذبات اور طبعی میلانات جن کا اظہار آپ اپنے احباب کے سامنے کرنا بھی مناسب نہ سمجھتے، وحی ان کو ظاہر کر دیتی، جیسا کہ ارشاد باری تعالی ہے:

﴿وَلَوْلَآ اَنْ ثَبَّتْنٰكَ لَقَدْ كِدْتَّ تَرْكَنُ اِلَيْهِمْ شَيْـًٔا قَلِيْلًا ۙ ﴿٧٤﴾﴾

"اور اگر ہم آپ کو ثابت قدم نہ رکھتے تو بلاشبہ یقیناً قریب تھا کہ آپ ان کی طرف تھوڑا سا جھک جاتے۔" (بنی اسرائیل 74:17)

یہ وحی نازل ہونے کے بعد آپ کھڑے ہوئے اور بلا تر در تمام لوگوں کے سامنے ان آیات کی تلاوت کی۔

اگر یہ امانت کی ادائیگی نہیں تو پھر امانت کی ادائیگی کیا ہے؟ کیا کائنات میں نبی اکرم ﷺ کے سوا کوئی شخصیت ہے جس کے دشمن اسے برا بھلا کہیں۔ طرح طرح کی گالیاں بکیں۔ اعلیٰ و معزز شخصیت کو داغدار کرنے کے لیے مختلف الزامات عائد کریں۔ کبھی کاہن کہیں، کبھی مجنون و دیوانہ کہ کر پکاریں۔ کبھی جادوگر ہونے کا طعنہ دیں کبھی مختلف الزامات عائد کریں۔

کبھی اللہ تعالی پر جھوٹ گھڑنے والا کہیں اور کبھی یہ الزام لگائیں کہ وہ اپنی طرف سے باتیں بنا کر پیش کرتا ہے جبکہ اللہ تعالیٰ نے ان سب باتوں سے اسے محفوظ بھی رکھا ہو، پھر وحی ان کی ساری گالیوں کا ذکر کرے اور آپ اسے نماز میں پڑھیں، اپنی تلاوت کا حصہ بنائیں، پوری سچائی اور ایمانداری سے اس وحی الہی اور پیغام باری تعالی کو من و عن حرف بحرف، تحریف و مبدل اور کمی بیشی کے بغیر لوگوں تک پہنچائیں اور لوگوں کو یہ فرامین اچھی پڑھ کر سنائیں؟؟ آپ ﷺ نے لوگوں کے سامنے تلاوت فرمائی: ﴿وَلَقَدْ نَعْلَمُ اَنَّهُمْ يَقُوْلُوْنَ اِنَّمَا يُعَلِّمُهٗ بَشَرٌ﴾

"اور بلاشبہ یقیناً ہمیں بخوبی علم ہے کہ بے شک وہ کہتے ہیں: یقیناً اس (نبی) کو ایک آدمی سکھاتا ہے۔"

(النحل 103:16)

ایک موقع پر اللہ سبحانہ کا یہ فرمان سنایا: ﴿وَقَالُوْٓا اَسَاطِيْرُ الْاَوَّلِيْنَ اكْتَتَبَهَا فَهِيَ تُمْلٰى عَلَيْهِ

بُكْرَةً وَّ اَصِيْلًا﴾

"اور انھوں نے کہا: یہ اگلوں کے افسانے ہیں جو اس نے اپنے لیے لکھوائے ہیں، اور وہ صبح وشام اس پر پڑھے جاتے ہیں۔" (الفرقان 5:25)

اور اس ارشاد باری تعالی کی تلاوت کی: ﴿وَيَقُوْلُوْنَ اَئِنَّا لَتَارِكُوْٓا اٰلِهَتِنَا لِشَاعِرٍ مَّجْنُوْنٍ ؕ﴿۳۶﴾﴾

"اور وہ کہتے : کیا بھلا ہم اپنے معبودوں کو ایک دیوانے شاعر کے کہنے پر چھوڑ دیں؟" (الصّٰفّٰت 36:37)

انسانی مزاج اور بشری طبیعت ہے کہ ہم نقص و عیب کی ہر بات چھپاتے ہیں۔ دشمن کے الزامات اور گالیوں کا کسی کے سامنے ذکر نہیں کرتے۔ اس کے برعکس اگر کوئی ہماری تعریف کرے یا ہمیں کوئی کامیابی ملے تو ہم اس کا سب کے سامنے تذکرہ کرتے ہیں۔ دوسروں کی زبان سے اپنی تعریف سننا پسند کرتے ہیں۔ لیکن رسول اکرم ﷺ کے بشری مزاج پر یہ غالب تھا کہ آپ اپنے رب کی طرف سے آنے والی ہر وحی کو دوسروں تک پہنچا دیتے تھے، خواہ اس میں تعریف ہوتی یا سرزنش ہوتی یا اس میں دشمنوں کی ہرزہ سرائیوں اور الزامات کا ذکر ہوتا۔ آپ ﷺ کا ایک ہی مقصد تھا کہ اللہ تعالی کی وحی دوسروں تک پہنچا دی جائے۔

آپ ﷺ کی امانت داری کا ایک پہلو یہ بھی ہے کہ آپ امانتوں اور حقوق کی حفاظت فرماتے اور اپنے قول و فعل سے اس کی ترغیب دیتے، جیسا کہ سیدنا ابو ہریرہ رضی اللہ تعالی عنہ سے مروی ہے کہ رسول اکرم ﷺ نے فرمایا:

((مَنْ اَخَذَ اَمْوَالَ النَّاسِ يُرِيْدُ اَدَاءَهَا، اَدَّى اللّٰهُ عَنْهُ، وَمَنْ اَخَذَ يُرِيْدُ اِتْلَافَهَا، اَتْلَفَهُ اللّٰهُ))

"جو شخص لوگوں سے مال اس نیت سے لیتا ہے کہ وہ اس کی ادائیگی کرے گا تو اللہ تعالیٰ اسے ادا کرنے کی توفیق دے گا اور جو شخص لوگوں کا مال ضائع کر دینے کے ارادے سے لے گا تو اللہ تعالیٰ بھی اس کو تباہ و برباد کر دے گا۔" (صحیح البخاري، الاستقراض، حدیث:2387)

اور آپ ﷺ نے فرمایا:((أَدِّ الْأَمَانَةَ إِلَىٰ مَنِ ائْتَمَنَكَ وَلَا تَخُنْ مَنْ خَانَكَ))

"جو تمھارے پاس امانت رکھے، اسے اس کی امانت پوری کی پوری لوٹا دو اور جو تمھارے ساتھ خیانت کرے تو تم اس کے ساتھ خیانت نہ کرو۔" (سنن أبي داود، البیوع، حدیث:3534)

مالی لحاظ سے آپ ﷺ کے عظیم امانت دار ہونے کے لیے یہ بات کافی ہے کہ آپ امت کے امام اور سلطنت کے سربراہ تھے مگر جب دنیا سے گئے تو ایک درہم یا دینار بھی بطور وراثت نہ چھوڑا، جیسا کہ آپ ﷺ نے فرمایا:﴿لَا نُورَثُ، مَا تَرَكْنَا صَدَقَةٌ﴾

"ہماری کوئی وراثت نہیں ہوتی۔ ہم جو چھوڑ جائیں، وہ صدقہ ہے۔" (صحیح البخاري، فرض الخمس حدیث:3093)

قومی سرمائے کی حفاظت اور اس سے کچھ نہ لینے کے سلسلے میں اس سے بڑی امانت داری کیا ہوگی کہ آپ ﷺ نے ایک درہم یا دینار بھی نہیں لیا؟؟

آپ ﷺ نے خرید و فروخت میں ہمیں امانت کی تعلیم دی اور یہ بتایا کہ مومن دھوکا اور خیانت نہیں کرتا، چنانچہ سیدنا ابو ہرہ رضی اللہ تعالیٰ عنہ سے روایت ہے کہ رسول اللہ ﷺ کی ایک ڈھیری کے پاس سے گزرے تو آپ نے اپنا ہاتھ اس میں داخل کیا۔ آپ کی انگلیوں نے نمی محسوس کی تو آپ ﷺ نے فرمایا: "غلے کے مالک! یہ کیا ہے؟" اس نے عرض کی: اللہ کے رسول! اس پر بارش پڑ گئی تھی۔ آپ ﷺ نے فرمایا:

"تو تم نے اس (بھیگے ہوئے غلے) کو اوپر کیوں نہ رکھا تاکہ لوگ اسے دیکھ لیتے؟ جس نے دھوکا کیا، وہ مجھ سے نہیں۔" (صحیح مسلم، الإیمان، حدیث:102)

آپ ﷺ نے خبر دی کہ اللہ تعالی حدیث قدسی میں فرماتا ہے: ((أَنَا ثَالِثُ الشَّرِيكَيْنِ مَا لَمْ يَخُنْ أَحَدُهُمَا صَاحِبَهُ، فَإِذَا خَانَهُ خَرَجْتُ مِنْ بَيْنِهِمَا))

"میں دو شریکوں کا تیسرا ہوتا ہوں جب تک کہ ان دونوں میں سے کوئی ایک دوسرے کے ساتھ خیانت نہ کرے۔ اور جب کوئی اپنے ساتھی کے ساتھ خیانت کرتا ہے تو میں ان کے درمیان سے ہٹ جاتا ہوں۔

" (سنن أبي داود، البیوع، حدیث:3383، إسنادہ ضعیف)

آپ ﷺ نے فرمایا:

((ثَلَاثَةٌ أَنَا خَصْمُهُمْ يَوْمَ الْقِيَامَةِ رَجُلٌ أَعْطَى بِي ثُمَّ غَدَرَ، وَرَجُلٌ بَاعَ حُرًّا فَأَكَلَ ثَمَنَهُ، وَرَجُلٌ اسْتَأْجَرَ أَجِيرًا فَاسْتَوْفَى مِنْهُ، وَلَمْ يُعْطِهِ أَجْرَهُ))

"اللہ تعالیٰ کا ارشاد ہے کہ تین طرح کے لوگ ایسے ہوں گے جن کا قیامت کے دن میں مدعی بنوں گا: ایک وہ شخص جس نے میرے نام پر عہد کیا اور اسے توڑ دیا۔ دوسرا وہ شخص جس نے کسی آزاد انسان کو بیچ کر اس کی قیمت کھائی۔ اور تیسرا وہ شخص جس نے کوئی مزدور اجرت پر رکھا، اس سے پوری طرح کام لیا، لیکن اس کی مزدوری اسے نہیں دی۔

" (صحیح البخاري، البیوع، حدیث:2227)

آپ ﷺ نے اپنے صحابہ اور پیروکاروں کو سکھایا کہ وہ سب اللہ تعالی کی نگرانی میں ہیں۔ بہت معمولی اشیاء میں بھی انھیں امانت کی ادائیگی ملحوظ رکھنی چاہیے، جیسا کہ اللہ تعالی کا فرمان ہے:

﴿فَمَنْ يَّعْمَلْ مِثْقَالَ ذَرَّةٍ خَيْرًا يَّرَهٗ ۝٧ وَمَنْ يَّعْمَلْ مِثْقَالَ ذَرَّةٍ شَرًّا يَّرَهٗ ۝٨﴾

"پھر جس نے ذرہ بھر بھلائی کی، وہ اسے دیکھ لے گا۔ اور جس نے ذرہ بھر برائی کی، وہ بھی اسے دیکھ لے گا"

(الزلزلۃ99: 7،8)

آپ ﷺ نے ہر کام پوری دیانت داری سے کرنے کا حکم دیا۔ ہر ذمہ داری پوری امانت سے نبھانے کی نصیحت کی، خواہ وہ ذمہ داری عوامی نوعیت کی ہو، جیسے صدارت و وزارت یا ذاتی نوعیت کی ہو، جیسے کام کاج اور دیگر گھریلو ذمہ داریاں وغیرہ۔

آپ ﷺ نے زندگی کے ہر معاملے کو امانت قرار دیا جس کے متعلق روز قیامت باز پرس ہو گی۔ آپ ﷺ نے فرمایا:

"تم سب نگہبان ہو اور ہر ایک سے اس کی نگہبانی کے متعلق پوچھا جائے گا۔ جو لوگوں کا امیر ہے وہ ان کا نگہبان ہے، اس سے اس کی رعایا کے متعلق پوچھا جائے گا۔ مرد اپنے اہل خانہ کا نگہبان ہے، اس سے ان کے بارے میں سوال کیا جائے گا۔ عورت اپنے شوہر کے گھر کی اور اس کے بچوں کی نگہبان ہے، اس سے ان کے متعلق پوچھا جائے گا۔ غلام اپنے آقا کے مال کا نگہبان ہے، اس سے اس کے متعلق سوال کیا جائے گا۔ سن لو! تم سب نگہبان ہو اور سب سے اس کی نگہبانی کے متعلق باز پرس ہو گی۔" (صحيح البخاري العتق، حدیث:2554)

آپ ﷺ نے فرمایا:

((مَا مِنْ عَبْدٍ اسْتَرْعَاهُ اللهُ رَعِيَّةً فَلَمْ يَحُطْهَا بِنَصِيحَةٍ إِلَّا لَمْ يَجِدْ رَائِحَةَ الْجَنَّةِ))

"جب اللہ تعالیٰ کسی بندے کو کسی رعیت کا حاکم بناتا ہے اور وہ خیر خواہی کے ساتھ

اس کی حفاظت نہیں کرتا تو وہ جنت کی خوشبو بھی نہیں پائے گا۔

"(صحیح البخاري، الأحکام، حدیث:7150)

آپ ﷺ نے اس شخص پر بھی تنقید کی جس نے اجتہاد سے سرکاری مال میں سے کچھ رکھ لیا، جیسا کہ سیدنا ابو حمید ساعدی رضی اللہ تعالی عنہ سے مروی ہے:

رسول اللہ ﷺ نے ایک شخص کو بنی سلیم کے صدقات کی وصولی کے لیے عامل بنایا۔ ان کا نام ابن لتبیہ تھا۔ جب وہ واپس آئے اور نبی کریم ﷺ نے ان کا حساب لیا تو انھوں نے سرکاری مال علیحدہ کیا اور کچھ مال کے متعلق کہنے لگے: یہ مجھے تحفے میں ملا ہے۔ نبی کریم ﷺ نے اس پر فرمایا: "پھر کیوں نہ تم اپنے ماں باپ کے گھر بیٹھے رہے۔ اگر تم سچے ہو تو وہیں یہ تحفہ تمھارے پاس آجاتا۔

"(صحیح البخاري، الحیل، حدیث:6979)

آپ ﷺ نے یہ واضح فرمایا کہ عہدہ قرض ہے، مال غنیمت نہیں اور ذمہ داری، امانت ہوتی ہے، چنانچہ آپ ﷺ نے سیدنا ابو ذر رضی اللہ تعالی عنہ سے فرمایا:

((یَا أَبَاذَر، إِنَّکَ ضَعِیفٌ، وَإِنَّهَا أَمَانَةٌ، وَإِنَّهَا یَوْمَ الْقِیَامَةِ خِزْيٌ وَنَدَامَةٌ إِلَّا مَنْ أَخَذَهَا بِحَقِّهَا، وَأَدَّى الَّذِي عَلَیْهِ فِیهَا))

"ابوذر! تم کمزور ہو، اور یہ (امارت) امانت ہے اور قیامت کے دن یہ شرمندگی اور رسوائی کا باعث ہوگی، مگر وہ شخص جس نے اسے حق کے مطابق قبول کیا اور اس میں جو ذمہ داری اس پر عائد ہوئی تھی، اسے اچھی طرح ادا کیا تو وہ شرمندگی اور رسوائی سے مستثنیٰ ہوگا۔

"(صحیح مسلم، الإمارة، حدیث:1825)

نبی ﷺ نے ہر کام اور زندگی کے ہر شعبے میں امانت کو مسؤلیت قرار دیا، چنانچہ

آپ ﷺ نے فرمایا:((إِنَّ اللّٰهَ يُحِبُّ إِذَا عَمِلَ أَحَدُكُمْ عَمَلًا أَنْ يُتْقِنَهُ))

"بلا شبہ اللہ تعالی پسند کرتا ہے کہ جب تم میں سے کوئی ایک کام کرے تو اسے اچھے طریقے سے کرے۔

"(السلسلۃ الصحیحۃ، حدیث:1113)

آپ ﷺ نے اپنے عمل و کردار سے سکھایا کہ ہم نے اللہ کے حضور پیش ہو کر امانت و ذمہ داری کا حساب دینا ہے۔ اس کی اہمیت واضح کرنے کے لیے ایمان اور امانت کو ایک ساتھ ذکر کیا ہے گویا وہ یکجان دو قالب ہیں، چنانچہ آپ ﷺ نے فرمایا:((لَا إِيمَانَ لِمَنْ لَا أَمَانَةَ لَهُ، وَلَا دِينَ لِمَنْ لَا عَهْدَ لَهُ))

"جو شخص امانت دار نہیں، اس کا ایمان بھی قابل اعتبار نہیں اور جو عہد کی پاسداری نہیں کرتا، اس کا کوئی دین نہیں۔

"(مسند أحمد، حدیث:12383)

آپ ﷺ نے گفتگو کو بھی امانت قرار دیا اور بتایا کہ اس کے متعلق بھی قیامت کے دن پوچھا جائے گا، چنانچہ آپ ﷺ نے فرمایا:

"جب کوئی شخص کسی آدمی سے کوئی بات کرے، پھر ادھر اُدھر مڑ کر دیکھے تو وہ امانت ہے (اسے ظاہر نہیں کرنا چاہیے)۔

"(سنن أبي داود، الأدب، حدیث:4868)

آپ ﷺ نے فرمایا:

((إِنَّ الْعَبْدَ لَيَتَكَلَّمُ بِالْكَلِمَةِ مِنْ رِضْوَانِ اللّٰهِ، لَا يُلْقِي لَهَا بَالًا، يَرْفَعُ اللّٰهُ بِهَا دَرَجَاتٍ وَإِنَّ الْعَبْدَ لَيَتَكَلَّمُ بِالْكَلِمَةِ مِنْ سَخَطِ اللّٰهِ، لَا يُلْقِي لَهَا بَالًا يَهْوِي بِهَا فِي جَهَنَّمَ))

"بندہ اللہ تعالی کی رضا مندی کے لیے ایک بات زبان سے نکالتا ہے، اسے وہ کوئی

اہمیت نہیں دیتا مگر اسی کی وجہ سے اللہ تعالی اس کے درجے بلند کر دیتا ہے۔ اور ایک دوسرا بندہ ایک ایسا کلمہ زبان سے نکالتا ہے جو اللہ تعالیٰ کی ناراضی کا باعث ہوتا ہے، اسے وہ کوئی اہمیت نہیں دیتا لیکن اس کی وجہ سے وہ جہنم میں چلا جاتا ہے۔

"(صحیح البخاري، الرقاق، حدیث:6478)

آپ ﷺ نے زبان کے خطرات سے خبر دار کیا اور بتایا کہ اگر یہ حق امانت ادانہ کرے تو اس کے نہایت خطرناک نتائج سامنے آئیں گے، اس لیے صرف حق بات ہی زبان پر لائی چاہیے جس سے رب تعالی راضی ہو۔ سیدنا معاذ بن جبل رضی اللہ تعالی عنہ سے مروی ہے کہ نبی اکرم ﷺ نے فرمایا:

"کیا میں تجھے اس چیز کے بارے میں بھی بتلا دوں جو ان سب کو کنٹرول کرنے والی ہے؟" میں نے کہا: اللہ کے نبی! کیوں نہیں؟ آپ ﷺ نے جوابًا اپنی زبان مبارک پکڑی اور فرمایا: "اسے اپنے اوپر روک کر رکھنا۔" میں نے کہا: اللہ کے رسول! کیا ہماری باتوں کی وجہ سے بھی ہمارا مؤاخذہ کیا جائے گا؟ آپ ﷺ نے فرمایا: "معاذ! تیری ماں تجھے گم پائے! لوگوں کو آگ میں ان کے منہ، یا نتھنوں کے بل گرانے والی ان کی زبانوں کی کاٹ ہی تو گی۔

"(جامع الترمذي، الإيمان، حدیث:2616)

الفاظ و کلمات کی امانت کی ایک صورت گواہی اور اس میں اللہ تعالی کی حکمرانی کا احساس ہے، جیسا کہ اللہ تعالی نے فرمایا ہے:

﴿ إِلَّا مَن شَهِدَ بِالْحَقِّ وَهُمْ يَعْلَمُونَ ﴾

"سوائے ان کے جنھوں نے حق کی گواہی دی، اور وہ علم بھی رکھتے ہیں۔

"(الزعرف 86:43)

سیدنا انس بن مالک رضی اللہ تعالی عنہ سے روایت ہے کہ رسول اللہ ﷺ نے کبیرہ گناہوں کا ذکر کیا یا آپ سے کبائر کے بارے میں پوچھا گیا تو آپ ﷺ نے فرمایا:

"اللہ کے ساتھ شرک کرنا۔ کسی کی ناحق جان لینا۔ والدین کی نافرمانی کرنا۔" پھر فرمایا: "کیا میں تمھیں سب سے بڑا گناہ نہ بتا دوں ؟" فرمایا: "جھوٹی بات۔" یا فرمایا: "جھوٹی گواہی سب سے بڑا گناہ ہے۔

"(صحیح البخاري، الأدب، حدیث:5977)

الفاظ و کلمات کی امانت کی ایک صورت میاں بیوی کے ازدواجی امور کی حفاظت کرنا بھی ہے۔ نبی اکرم ﷺ نے اس کی تاکید کرتے ہوئے فرمایا:

((اِنَّ مِنْ اَعْظَمِ الْاَمَانَةِ عِنْدَ اللّٰهِ يَوْمَ الْقِيَامَةِ الرَّجُلَ يُفْضِي اِلَى امْرَاَتِهِ وَتُفْضِي اِلَيْهِ، ثُمَّ يَنْشُرُ سِرَّهَا))

"بلاشبہ قیامت کے دن اللہ تعالی کے ہاں امانت کے حوالے سے سب سے بڑے (سنگین) معاملات میں سے اس آدمی کا معاملہ ہو گا جو خلوت میں بیوی کے پاس جائے اور وہ اس کے پاس آئے، پھر وہ بیوی کا راز ظاہر کر دے۔

"(صحیح مسلم، النکاح، حدیث:1437)

ایمانداری کا مسئلہ آپ ﷺ کی ہر تقریر کا اہم جز ہوتا تھا۔ آپ ﷺ کتاب و سنت کی وحی کے ذریعے سے اس کی دعوت دیتے اور امت کی تربیت کرتے کہ زندگی کے ہر معاملے میں رب تعالیٰ کے اس حکم کی تعمیل کریں:

﴿فَلْيُؤَدِّ الَّذِي اؤْتُمِنَ اَمَانَتَهٗ وَلْيَتَّقِ اللّٰهَ رَبَّهٗ﴾

"پھر جس شخص پر اعتبار کر کے اس کے پاس امانت رکھوائی گئی ہو، اسے چاہیے کہ دوسرے کی امانت واپس ادا کر دے اور اپنے رب اللہ سے ڈرے۔

"(البقرۃ2:283)

آپ ﷺ نے ہمیں باری تعالی کا یہ فرمان پہنچایا:

﴿ یٰٓاَیُّهَا الَّذِیْنَ اٰمَنُوْا لَا تَخُوْنُوا اللّٰهَ وَ الرَّسُوْلَ وَ تَخُوْنُوْٓا اَمٰنٰتِكُمْ وَ اَنْتُمْ تَعْلَمُوْنَ ۲۷ ﴾

"اے ایمان والو! تم اللہ اور رسول سے خیانت نہ کرو، اور نہ تم آپس کی امانتوں میں خیانت کرو جبکہ تم جانتے ہو۔

"(الأنفال8:27)

اور یہ بتایا کہ خیانت نہایت برا چلن اور گھٹیا اخلاق ہے، جیسا کہ اللہ تعالی نے فرمایا:

﴿وَ اِنَّ اللّٰهَ لَا یُحِبُّ الْخَآئِنِیْنَ﴾

"بے شک اللہ خیانت (بدعہدی) کرنے والوں کو پسند نہیں کرتا۔

"(الأنفال8:58)

آپ ﷺ نے بتایا کہ خیانت نفاق کا ایک بنیادی جز اور نشانی ہے اور مومن کبھی خیانت نہیں کرتا، چنانچہ آپ ﷺ نے فرمایا:

((آیَةُ الْمُنَافِقِ ثَلَاثٌ اِذَا حَدَّثَ كَذَبَ، وَاِذَا وَعَدَ اَخْلَفَ، وَاِذَا اؤْتُمِنَ خَانَ))

"منافق کی علامتیں تین ہیں: جب بات کرے تو جھوٹ بولے۔ جب وعدہ کرے تو اس کے خلاف کرے اور جب اس کو امین بنایا جائے تو امانت میں خیانت کرے۔

"(صحیح البخاري، الإیمان، حدیث:33)

آپ ﷺ نے فرمایا:

"چار عادتیں جس کسی میں ہوں تو وہ پکا منافق ہے اور جس کسی میں ان چاروں میں سے ایک عادت ہو تو وہ بھی منافق ہی ہے، جب تک اسے چھوڑ نہ دے۔ وہ یہ ہیں: جب

اسے امین بنایا جائے تو امانت میں خیانت کرے اور بات کرتے وقت جھوٹ بولے اور جب کسی سے عہد کرے تو اسے پورا نہ کرے اور جب کسی سے لڑے تو گالیوں پر اتر آئے۔" (صحيح البخاري، الإيمان، حديث:34)

آپ ﷺ نے امانت کا ضیاع قیامت کی علامت قرار دیا، جیسا کہ ایک شخص نے آپ سے قیامت کے متعلق پوچھا تو آپ ﷺ نے فرمایا: ((فَإِذَا ضُيِّعَتِ الْأَمَانَةُ فَانْتَظِرِ السَّاعَةَ))

"اور جب امانت کا ضیاع ہونے لگے تو تو قیامت کا انتظار کر۔" (صحيح البخاري، الإيمان، حديث:59)

اللہ تعالی نے امانتوں کی حفاظت کرنے اور حقوق ادا کرنے والے مومنوں کو جنت الفردوس کی خوشخبری دی ہے۔

جیسا کہ ارشاد باری تعالی ہے:

﴿ وَ الَّذِيْنَ هُمْ لِاَمٰنٰتِهِمْ وَ عَهْدِهِمْ رٰعُوْنَ ۙ﴿۸﴾ وَ الَّذِيْنَ هُمْ عَلٰى صَلَوٰتِهِمْ يُحَافِظُوْنَ ۘ﴿۹﴾ اُولٰٓئِكَ هُمُ الْوٰرِثُوْنَ ۙ﴿۱۰﴾ الَّذِيْنَ يَرِثُوْنَ الْفِرْدَوْسَ ؕ هُمْ فِيْهَا خٰلِدُوْنَ ﴿۱۱﴾ ﴾

"اور وہ جو اپنی امانتوں اور اپنے عہد کی حفاظت کرنے والے ہیں۔ اور وہ جو اپنی نمازوں کی حفاظت کرتے ہیں۔ یہی لوگ وارث ہیں، جو فردوس کے وارث ہوں گے، وہ اس میں ہمیشہ رہیں گے۔

"(المؤمنون 23: 8-11)

کسی شاعر نے کیا خوب کہا ہے۔

تَاجُ الْاَمَانَةِ فَوْقَ رَأْسِكَ يَلْمَعُ

وَعَلٰی جَبِینِکَ شَمْسُ حَقٍّ تَسْطَعُ
صُنْتَ الرِّسَالَۃَ مُخْلِصًا لِّاَدَائِھَا
وَاللہُ یُشْھَدُ وَالخَلَائِقُ تَسْمَعُ

"(اے نبی صلی اللہ علیہ وسلم!) آپ کے سر پر امانت کا تاج چمک رہا ہے جبکہ آپ کی پیشانی پر حق کا سورج جلوہ افروز ہے۔ آپ نے الوہی پیغام کو خلوص کے ساتھ آگے پہنچا کر محفوظ بنایا۔ اس کا گواہ اللہ تعالیٰ ہے اور مخلوق سن رہی ہے۔"

***

سیرت النبی ﷺ کی ایک جھلک

مفتی صہیب احمد قاسمی

رسولِ کائنات، فخرِ موجودات محمد عربی صلی اللہ علیہ وسلم کو خالق ارض و سما رب العلیٰ نے نسلِ انسانی کے لیے نمونہ کاملہ اور اسوۂ حسنہ بنایا ہے اور آپ صلی اللہ علیہ وسلم کے طریقہ کو فطری طریقہ قرار دیا ہے۔ محسن انسانیت صلوات اللہ علیہ وسلامہ کے معمولات زندگی ہی قیامت تک کے لیے شعار و معیار ہیں، یہی وجہ ہے کہ سیرۃ النبی صلی اللہ علیہ وسلم کا ہر گوشہ تابناک اور ہر پہلو روشن ہے یومِ ولادت سے لے کر روزِ رحلت تک کے ہر ہر لمحہ کو قدرت نے لوگوں سے محفوظ کرا دیا ہے آپ صلی اللہ علیہ وسلم کی ہر ادا کو آپ صلی اللہ علیہ وسلم کے متوالوں نے محفوظ رکھا ہے اور سند کے ساتھ تحقیقی طور پر ہم تک پہنچایا ہے، لہٰذا سیرۃ النبی صلی اللہ علیہ وسلم کی جامعیت و اکملیت ہر قسم کے شک و شبہ سے محفوظ ہے دنیائے انسانیت کسی بھی عظیم المرتب ہستی کے حالات زندگی، معمولات زندگی، انداز و اطوار، مزاج و رجحان، حرکات و سکنات، نشست و برخاست اور عادات و خیالات اتنے کامل و مدلل طریقہ پر نہیں ہیں جس طرح کہ ایک ایک جزئیہ سیرۃ النبی صلی اللہ علیہ وسلم کا تحریری شکل میں دنیا کے سامنے ہے یہاں تک کہ آپ سے متعلق افراد اور آپ صلی اللہ علیہ وسلم سے متعلق اشیاء کی تفاصیل بھی سند کے ساتھ سیرت و تاریخ میں ہر خاص و عام کو مل جائیں گی۔

اس لیے کہ اس دنیائے فانی میں ایک پسندیدہ کامل زندگی گذارنے کے لیے اللہ رب العزت نے اسلام کو نظامِ حیات اور رسولِ خدا صلی اللہ علیہ وسلم کو نمونۂ حیات بنایا ہے وہی طریقہ اسلامی طریقہ ہوگا جو رسول خدا صلی اللہ علیہ وسلم سے قولاً، فعلاً منقول ہے آپ صلی اللہ علیہ وسلم کا طریقہ سنت کہلاتا ہے اور آپ نے فرمایا ہے من رغب عن سنتی فلیس منی جس نے میرے طریقے سے اعراض کیا وہ مجھ سے نہیں ہے۔

عبادات وطاعات سے متعلق آپ کی سیرت طیبہ اور عادات شریفہ پر برابر لکھا اور بیان کیا جاتا رہتا ہے۔ دنیا میں ہر لمحہ ہر آن آپ صلی اللہ علیہ وسلم کا ذکرِ خیر کہیں نہ کہیں ضرور ہوگا آپ کی سیرت سنائی اور بتائی جاتی رہے گی پھر بھی سیرت النبی صلی اللہ علیہ وسلم کا عنوان پُرانا نہیں ہوگا یہی معجزہ ہے سیرت النبی صلی اللہ علیہ وسلم کا اور یہی تفسیر ہے "ورفعنالک ذکرک" کی۔

صحابۂ کرام رضوان اللہ تعالیٰ اجمعین کی دنیا وآخرت میں کامیابی وسرفرازی کا عنوان اتباع سنت ہے یہی اتباع ہر دور ہر زمانہ میں سربلندی اور خوش نصیبی کی کنجی ہے۔ اگر کسی کو عہدِ رسالت نہ مل سکا تو پھر ان کے لیے عہدِ صحابہ معیارِ عمل ہے کیونکہ صحابہ کرام رضی اللہ عنہم اجمعین کی پاکیزہ جماعت سیرۃ النبی کا عملی پیکر ہے ہر طرح سے پرکھنے جانچنے کے بعد ان کو نسلِ انسانی کے ہر طبقہ کے واسطے ایمان وعمل کا معیار بنایا گیا ہے خود رسول اللہ صلی اللہ علیہ وسلم نے ان کی تربیت فرمائی ہے اور اللہ رب العالمین نے ان کے عمل وکردار، اخلاق واطوار، ایمان واسلام اور توحید وعقیدہ، صلاح وتقویٰ کو بار بار پرکھا پھر اپنی رضا وپسندیدگی سے ان کو سرفراز فرمایا، کہیں فرمایا "اولئک الذین امتحن اللہ قلوبہم للتقویٰ" کہ یہی لوگ ہیں جن کے دلوں کے تقویٰ کو اللہ نے جانچا ہے، کہیں فرمایا "آمنوا کما آمن الناس" کہ اے لوگو ایسے ایمان لاؤ جیسا کہ محمد کے صحابہ ایمان لائے ہیں

تو کہیں فرمایا اولئک ہم الراشدون یہی لوگ ہدایت یافتہ ہیں۔

یہ سب اس لیے کہ سیرت النبی صلی اللہ علیہ وسلم کا عکس جمیل تھے ان کی عبادات میں ہی نہیں بلکہ چال ڈھال میں بھی سیرۃ النبی صلی اللہ علیہ وسلم کا نور جھلکتا تھا یہی سبب ہے کہ خود رسولِ کائنات صلی اللہ علیہ وسلم نے فرمایا "اصحابی کالنجوم بایہم اقتدیتم اہتدیتم" (ترمذی) میرے صحابہ ستاروں کی طرح ہیں جن سے بھی اقتداء ومحبت کا تعلق جمالو گے ہدایت پاجاؤگے۔

چونکہ صحرا، جنگل میں سفر کرنے کے لیے سمت معلوم کرنے کے لیے ستاروں کی رہنمائی حاصل کی جاتی ہے اسی لیے صحابہ کرام رضی اللہ عنہم اجمعین کو ستاروں سے تشبیہ دی گئی ہے کہ وہ نفوس قدسیہ شرک وکفر کے صحراء میں مینارۂ ایمان ہیں۔

زیرِ نظر مضمون میں سیرت النبی صلی اللہ علیہ وسلم کے چند خاص گوشوں کو موضوع بنایا گیا ہے جو آپ کے تربیت یافتہ صحابہ کرام رضی اللہ عنہم کے بیان کردہ ہیں مختصر طور پر ہر اس پہلو کو ذکر کرنے کی کوشش کی ہے۔ جس کو عادتاً کم بیان کیا جاتا ہے۔

ولادت شریف اور حلیہ مبارکہ صلی اللہ علیہ وسلم: ۹/ یا ۱۲/ ربیع الاوّل عام الفیل کو آپ نے شکمِ مادر سے تولد فرمایا۔ شمائلِ ترمذی حلیہ مبارکہ بیان کرنے کا سب سے مستند و جامع ذریعہ ہے جس کو امام ترمذی رحمۃ اللہ علیہ نے ذکر فرمایا ہے، آپ صلی اللہ علیہ وسلم میانہ قد، سرخی مائل، سفید گورا رنگ، سرِ اقدس پر سیاہ ہلکے گھنگھریالے ریشم کی طرح ملائم انتہائی خوبصورت بال جو کبھی شانہ مبارک تک دراز ہوتے تو کبھی گردن تک اور کبھی کانوں کی لو تک رہتے تھے۔ رخِ انور اتنا حسین کہ ماہِ کامل کے مانند چمکتا تھا، سینۂ مبارک چوڑا، چکلا کشادہ، جسم اطہر نہ دبلا نہ موٹا انتہائی سڈول چکنا کہیں داغ دھبہ نہیں، دونوں شانوں کے بیچ پشت پر مہرِ نبوت کبوتر کے انڈے کے برابر سرخی مائل ابھری کہ دیکھنے

میں بے حد بھلی لگتی تھی، پیشانی کشادہ بلند اور چمکدار، ابروئے مبارک کمان دار غیر پیوستہ، دہن شریف کشادہ، ہونٹ یاقوتی مسکراتے تو دندانِ مبارک موتی کے مانند چمکتے، دانتوں کے درمیان ہلکی ہلکی درازیں تھیں بولتے تو نور نکلتا تھا سینہ پر بالوں کی ہلکی لکیر ناف تک تھی باقی پیکر بالوں سے پاک تھا صحابہ کا اتفاق ہے کہ آپ جیسا خوبصورت نہیں دیکھا گیا۔ حضرت حسان بن ثابت رضی اللہ تعالیٰ شاعرِ رسول صلی اللہ علیہ وسلم ہیں وہ اپنے نعتیہ قصیدے میں نقشہ کھینچتے ہیں:

واحسن منک لم ترقط عینی واجمل منک لم تلد النساء

خلقت مبرئًا من کل عیب کانک قد خلقت کما تشاء

آپ صلی اللہ علیہ وسلم سے حسین مرد میری آنکھوں نے کبھی نہیں دیکھا اور آپ سے زیادہ خوبصورت مرد کسی عورت نے نہیں جنا آپ ہر قسم کے ظاہری و باطنی عیب سے پاک پیدا ہوئے گویا آپ اپنی حسب مرضی پیدا ہوئے ہیں، نہ کبھی آپ چیخ کر بات کرتے تھے نہ قہقہہ لگاتے تھے نہ شور کرتے تھے نہ چلا کر بولتے تھے ہر لفظ واضح بولتے جو مجمع سے مخاطب ہوتے تو تین بار جملہ کو بالکل صاف صاف دہراتے تھے اندازِ کلام باوقار، الفاظ میں حلاوت کہ بس سنتے رہنے کو دل مشتاق، لبوں پر ہمہ دم ہلکا سا تبسم جس سے لب مبارک اور رخِ انور کا حسن بڑھ جاتا تھا راہ چلتے تو رفتار ایسی ہوتی تھی گویا کسی بلند جگہ سے اتر رہے ہوں نہ دائیں بائیں مڑ مڑ کر دیکھتے تھے نہ گردن کو آسمان کی طرف اٹھا کر چلتے تھے تواضع کی باوقار مردانہ خوددارانہ رفتار ہوتی، قدمِ مبارک کو پوری طرح رکھ کر چلتے تھے کہ نعلین شریفین کی آواز نہیں آتی تھی ہاتھ اور قدم ریشم کی طرح ملائم گداز تھے اور قدم پُر گوشت، ذاتی معاملہ میں کبھی غصہ نہیں ہوتے تھے، اپنا کام خود کرنے میں تکلف نہ فرماتے تھے کہ کوئی مصافحہ کرتا تو اس کا ہاتھ نہیں چھوڑتے تھے جب تک وہ الگ

نہ کرلے جس سے گفتگو فرماتے پوری طرح اس کی طرف متوجہ ہوتے کوئی آپ سے بات کرتا تو پوری توجہ سے سماعت فرماتے تھے، پھر بھی ایسا رعب تھا کہ صحابہ کو گفتگو کی ہمت نہ ہوتی تھی ہر فرد یہی تصور کرتا تھا کہ مجھ کو ہی سب سے زیادہ چاہتے ہیں۔

دعوت و تبلیغ کا آغاز:

تاجِ رسالت اور خلعت نبوت سے سرفراز ہونے کے بعد رحمۃ للعالمین خاتم النّبیین صلی اللہ علیہ وسلم نے ایک ایسے سماج و معاشرہ کو ایمان و توحید کی دعوت دی جو گلے گلے تک شرک و کفر کی دلدل میں گرفتار تھا، ضلالت و جہالت کی شکار تھی انسانیت، شرافت مفقود تھی، درندگی اور حیوانیت کا راج تھا ہر طاقتور فرعون بنا ہوا تھا۔ قتل وغارت گری کی وبا ہر سُو عام تھی نہ عزت محفوظ، نہ عصمت محفوظ، نہ عورتوں کا کوئی مقام، نہ غریبوں کے لیے کوئی پناہ۔

شراب پانی کی طرح بہائی جاتی تھی، بے حیائی اپنے عروج پر تھی، روئے زمین پر وحدانیت حق کا کوئی تصور نہ تھا، خود غرضی، مطلب پرستی کا دور دورہ تھا، چوری، بدکاری اپنے عروج پر تھی اور ظلم و ستم ناانصافی اپنے شباب پر تھی خدائے واحد کی پرستش کی جگہ معبودانِ باطل کے سامنے پیشانیاں جھکتی تھیں، نفرت وعداوت کی زہریلی فضا انسان کو انسان سے دور کرچکی تھی، انسانیت آخری سانس لے رہی تھی معاشرہ سے شرک کا تعفن اٹھ رہا تھا۔ کفر کی نجاست سے قلوب بدبودار ہوچکے تھے اس دور کا انسان قرآن کریم کے مطابق جہنم کے کنارے کھڑا تھا، ہلاکت سے دوچار ہونے کے قریب کہ رحمت حق کو رحم آیا اور کوہِ صفا سے صدیوں بعد انسانیت کی بقا کا اعلان ہوا کہ "یاآیہاالناس قولوا الا الٰہ الا اللہ تفلحوا" اے لوگو! لا الٰہ الا اللہ محمد رسول اللہ پر ایمان لاؤ فلاح وصلاح سے ہمکنار رہو گے۔ یہ آواز نہیں تھی بلکہ ایوان باطل میں بجلی کا کڑ کا تھا۔

وہ بجلی کڑکا تھا یا صوتِ ہادی
عرب کی زمیں جس نے ساری ہلادی

یہی آوازِ حق ایک عظیم الشان انقلاب کی ابتداء تھی جس نے دنیائے انسانیت کی تاریخ بدل دی یہ اعلان توحید کی حیات نو کا پیغام تھا جس نے مردہ دل عربوں میں زندگی کی نئی روح پھونک دی اور پھر دنیانے وہ منظر دیکھا جس کا تصور بھی نہ تھا کہ قاتل عادل بن گئے، بت پرست بن شکن بن گئے، ظلم وغضب کرنے والے حق پرست اور رحم دل بن گئے، سیکڑوں معبودانِ باطل کے سامنے جھکنے والی پیشانیاں خدائے واحد کے سامنے سرنگوں ہو گئیں، عورتوں کو جانور سے بدتر جاننے والے قطع رحمی اور کمزوروں پر ستم ڈھانے والے عورتوں کے محافظ، صلہ رحمی کے خوگر اور کمزوروں کا سہارا بن گئے، نفرت وعدوات کا آتش فشاں سرد ہو گیا محبت و اخوت کی فصلِ بہاراں آگئی، راہزن راہبر اور ظالم عدل وانصاف کے پیامبر بن گئے۔

جو نہ تھے خود راہ پر اوروں کے ہادی بن گئے
کیا نظر تھی جس نے مُردوں کو مسیحا کر دیا

پھر دنیانے دیکھا کہ ایک امی لقب اعلیٰ نسب رسول کے فداکاروں نے ایمان وتوحید کی تاریخ مرتب کرڈالی عدل و نصاف کے لازوال نقوش چھوڑے، وحدت مساوات کی لافانی داستان رقم کردی، فتوحات کی انوکھی تاریخ لکھ دی جہانبانی وحکمرانی کے مثالی اصول مرتب کیے، عفت وپاکدامنی کا ریکارڈ چھوڑ گئے، وفاداری، فداکاری کی انمٹ تحریر دیے، عظمت ورفعت کے ان بلندیوں پر پہنچے جہاں سے اونچا مقام صرف انبیاء ومرسلین کو نصیب ہوسکتا ہے ایسا انقلاب دنیانے کب دیکھا تھا اور کہاں سنا تھا۔

صبر واستقامت: رسول اللہ صلی اللہ علیہ وسلم نے دعوت حق اوراعلانِ توحید کی راہ

میں اپنے ہی لوگوں کے ایسے ایسے مصائب وآلام دیکھے کہ کوئی اور ہوتا تو ہمت ہار جاتا مگر آپ صبر واستقامت کے کوہِ گراں تھے، دشمنانِ اسلام نے قدم قدم پر آپ کو ستایا، جھٹلایا، بہتان لگایا، مجنون ودیوانہ کہا، ساحر وکاہن کا لقب دیا راستوں میں کانٹے بچھائے جسم اطہر پر غلاظت ڈالی، لالچ دیا، دھمکیاں دیں، اقتصادی ناکہ بندی اور سماجی مقاطعہ کیا، آپ کے شیدائیوں پر ظلم وستم اور جبر واستبداد کے پہاڑ توڑے، نئے نئے لرزہ خیز عذاب کا جہنم کھول دیا کہ کسی طرح حق کا قافلہ رک جائے، حق کی آواز دب جائے، مگر دورِ انقلاب شروع ہو گیا تھا توحید کا نعرہ بلند ہو چکا تھا، اس کو غالب آنا تھا۔

یریدون لیطفؤا نور اللہ بافواہہم واللہ متم نورہ ولو کرہ الکافرون۔ (القرآن)

کفار چاہتے ہیں کہ اللہ کے نور (ایمان واسلام) کو اپنی پھنکوں سے بجھادیں اور اللہ پورا کرنے والا ہے اپنے نور کو اگرچہ کفار اس کا ناپسند کریں۔ خود رسول اللہ صلی اللہ علیہ وسلم کا ارشادِ گرامی ہے: ابتلاء وآزمائش میں جتنا مجھ کو ڈالا گیا کسی اور کو نہیں ڈالا گیا۔ اسی طرح آپ کے صحابہ پر جتنے مظالم ڈھائے گئے کسی اور امت میں نہیں ڈھائے گئے۔

ہجرتِ مبارکہ: جب مکہ کی سرزمین آپ صلی اللہ علیہ وسلم اور آپ کے صحابہ کرام پر بالکل تنگ کر دی گئی تب بحکم الٰہی آپ نے مدینہ کی طرف ہجرت فرمائی اور صحابہ کرام نے اللہ کے لیے اپنے گھر بار، آل واولاد، زمین وجائداد سب کو چھوڑ چھاڑ کر حبشہ ومدینہ کا رخ کیا پہلی ہجرت صحابہ کے ایک گروہ نے حبشہ کی طرف کی تھی، پھر جب آپ مدینہ تشریف لے گئے تو مدینہ اسلام کا مرکز بن گیا، ہجرت رسول کے بارے میں مفکر اسلام علی میاں ندوی کا یہ جامع اقتباس بہت ہی معنویت رکھتا ہے کہ ہجرت کس جذبہ کا نام ہے صحابہ کرام رضی اللہ عنہم نے کتنی زبردست قربانی دی تھی۔

"رسول اللہ صلی اللہ علیہ وسلم کی اس ہجرت سے سب سے پہلی بات یہ ثابت ہوتی

ہے کہ دعوت اور عقیدہ کی خاطر ہر عزیز اور ہر مانوس و مرغوب شئے اور ہر اس چیز کو جس سے محبت کرنے، جس کو ترجیح دینے اور جس سے بہر صورت وابستہ رہنے کا جذبہ انسان کی فطرت سلیم میں داخل ہے۔ بے دریغ قربان کیا جاسکتا ہے، لیکن ان دونوں اوّل الذکر چیزوں (دعوت و عقیدہ) کو ان میں سے کسی چیز کے لیے ترک نہیں کیا جاسکتا (نبی رحمت) اور ہجرت رسول صلی اللہ علیہ وسلم کا یہی پیغام آج بھی مسلمانوں کے سامنے ہے کہ ایمان و عقیدہ اور دعوت و تبلیغ کسی بھی صورت میں ترک کرنا گوارہ نہ کریں یہی دونوں تمام دنیوی و اخروی عزت و کامیابی کا سرچشمہ ہے۔

غزوات و سرایا:

ہجرتِ رسول صلی اللہ علیہ وسلم کے بعد ایک طرف آنحضور صلی اللہ علیہ وسلم کو دعوت اسلام کی تحریک میں کشادہ میدان اور مخلص معاون افراد ملے جس کے باعث قبائل عرب میں تیزی سے اسلام پھیلنے لگا تو دوسری جانب مشرکین مکہ اور یہود مدینہ کی برپا کردہ لڑائیوں کا سامنا بھی تھا مکہ میں مسلمان کمزور اور بے قوت و طاقت تھے اس لیے ان کو صبر و استقامت کی تاکید و تلقین تھی مدینہ میں مسلمانوں کو وسعت و قوت حاصل ہوئی اور اجتماعیت و مرکزیت نصیب ہوئی اللہ تعالیٰ نے دشمنوں سے لڑنے اور ان کو منھ توڑ جواب دینے کی اجازت عطا فرمائی اور غزوات و سرایا کا سلسلہ شروع ہوا جو اہم غزوات پیش آئے یہ ہیں۔

(ا) غزوۂ بدر ۲ھ میں مومنین و مشرکین مکہ کے درمیان میدانِ بدر میں سب سے پہلا غزوہ پیش آیا جس میں رسول اللہ صلی اللہ علیہ وسلم کے سپہ سالاری میں تین سو تیرہ مجاہدین نے مشرکین کے ایک ہزار ہتھیار بند لشکر کو ہزیمت سے دوچار کیا اور ابوجہل، شیبہ، عتبہ سمیت ستر (۷۰) سردارانِ قریش مارے گئے اور ستر گرفتار ہوئے اسی سے

مسلمانوں کی دھاک قبائل عرب پر نقش ہوگئی۔

(۲) غزوۂ اُحد ۳ھ شوال میں یہ غزوہ ہوا مسلمان سات سو اور کفار تین ہزار تھے۔

(۳) غزوات ذات الرقاع ۴ھ میں پیش آیا اسی میں آپ نے صلوٰۃ الخوف ادا فرمائی۔

(۴) غزوۂ احزاب (خندق) ۵ھ میں ہوا مشرکین مکہ نے قبائل عرب کا متحد محاذ بنا کر حملہ کیا تھا۔ آنحضور صلی اللہ علیہ وسلم نے حضرت سلمان فارسیؓ کے مشورہ سے مدینہ کے اردگرد چھ کلومیٹر لمبی خندق کھدوائی تھی اسی لیے اس کو غزوۂ خندق بھی کہتے ہیں۔

(۵) غزوۂ بنی المصطلق ۶ھ میں ہوا اسی میں منافقین نے حضرت عائشہؓ پر تہمت لگائی تھی۔

(۶) صلحِ حدیبیہ ۶ھ میں ہوئی جب کہ رسول اللہ صلی اللہ علیہ وسلم نے عمرہ کا ارادہ فرمایا تھا اور چودہ سو صحابہ کرام کے ساتھ روانہ ہوئے تھے کہ مشرکین مکہ نے حدیبیہ کے مقام پر روک دیا اور وہیں صلح ہوئی کہ آئندہ سال عمرہ کرسکتے ہیں (پوری تفصیل کتابوں میں دیکھی جائے)

(۷) غزوۂ خیبر ۷ھ میں پیش آیا یہ یہودیوں سے آخری غزوہ تھا اس سے قبل غزوۂ بنو نضیر اور غزوۂ بنو قریظہ میں یہودیوں کو جلاوطن اور قتل کیا گیا تھا۔

(۹) غزوۂ تبوک ۹ھ میں پیش آیا ہرقل سے مقابلہ تھا دور کا سفر تھا شام جانا تھا گرمی کا زمانہ تھا اس لیے خلاف عادت آپ نے اس غزوہ کا اعلان فرمایا چندہ کی اپیل کی صحابہ نے دل کھول کر چندہ دیا اور تیس ہزار کا عظیم الشان لشکر لے کر آپ تبوک روانہ ہوئے، مگر ہرقل بھاگ گیا اور آپ مع صحابہ واپس بخیریت مدینہ تشریف لائے اس غزوہ میں بھی بہت سے اہم واقعات پیش آئے جن کی ایک ایک تفصیل سیر کی کتابوں میں درج ہے۔

ان غزوات کے علاوہ بہت سے سرایا صحابہ کرام کی سرکردگی میں مختلف مواقع پر روانہ فرمائے۔

کچھ اہم واقعات:

سنہ ۲ھ میں ہجرت کے بعد سترہ مہینہ بیت المقدس کی طرف رخ کرکے نماز پڑھنے کے بعد تحویل قبلہ ہوا۔ ۲ھ میں روزہ فرض کیا گیا، ۴ھ میں شراب حرام ہوئی۔

فتح مکہ و غزوۂ حنین: ۸ھ میں اسلامی تاریخ کا وہ واقعہ یعنی فتحِ مکہ پیش آیا جس سے کلی طور پر اسلام کو عرب میں غلبہ حاصل ہو گیا اور مشرکین کا سارا زور ٹوٹ گیا فتح مکہ کے بعد واپسی میں غزوۂ حنین پیش آیا جس میں پہلی بار مسلمان تعداد میں بارہ ہزار اور کفارِ طائف چار ہزار تھے ورنہ ہر غزوہ میں مسلمان کم اور دشمن کی تعداد دوگنا، تین گنا ہوتی تھی۔

اشیاء الرسول اور ان کے اسماء: رسولِ خدا صلی اللہ علیہ وسلم کی عادتِ شریفہ تھی کہ آپ اپنی چیزوں کا نام رکھ دیا کرتے تھے زاد المعاد میں علامہ ابن قیم رحمۃ اللہ علیہ نے ان میں سے بہت سی چیزوں کے نام شمار کرائے ہیں امام اہلِ سنت حضرت مولانا عبد الشکور صاحب فاروقی رحمۃ اللہ علیہ نے بھی "سیرۃ نبویہ" میں آپ صلی اللہ علیہ وسلم کی اشیاء مبارکہ کے اسماء بیان کیے ہیں، نیز دوسرے سیرت نگار علماء نے بھی اس ضمن میں کام کیا ہے، انھیں کتب سیرت و مضامین سیرت سے مندرجہ ذیل اشیاء کے اسماء کا ذکر پیش کیا جارہا ہے۔

(۱) عمامہ شریف کا نام سحاب تھا۔

(۲) دو پیالے لکڑی اور پتھر کے تھے ایک کا نام ریان اور دوسرے کا نام مضیّب تھا۔

(۳) آبخورہ تھا جس کا نام صادِر تھا۔

(۴) خیمہ تھا جس کا نام رِکی تھا۔

(۵) آئینہ تھا جس کا نام مُدِلہ تھا۔

(۶) قینچی تھی جس کا نام جامع تھا۔

(۷) جوتی مبارکہ تھی جس کا نام ممشوق تھا۔

(۸) ایک زمانہ میں آپ کے پاس دس گھوڑے تھے "سکب" نامی گھوڑے پر آپ صلی اللہ علیہ وسلم غزوہ اُحد میں سوار تھے ایک گھوڑے کا نام لزاز تھا، جس کو شاہ اسکندریہ مقوقش نے ہدیۃً بھیجا تھا، باقی گھوڑوں کے نام یہ ہیں: ظرب، ورد، ضریس، ملاوح، سبحہ، بجر۔

(۹) تین خچر تھے ایک کا نام دُلدل تھا حبشہ کے بادشاہ نے بھیجا تھا آپ نبوت کے بعد اسی پر پہلے پہل سوار ہوئے آپ کے بعد حضرت علیؓ اور حضرت حسن و حضرت حسین رضی اللہ عنہما اس پر سوار ہوتے تھے ان کے بعد محمد بن حنفیہ کے پاس رہا، دوسرے خچر کا نام فِضّہ تھا جس کو صدیقِ اکبرؓ نے ہدیہ کیا تھا۔ تیسرے کا نام اِیلیہ تھا شاہِ ایلہ نے ہدیہ بھیجا تھا۔

(۱۰) ایک گدھا تھا جس کا نام یعفور تھا۔

(۱۱) سواری کی دو اونٹنیاں تھیں ایک کا نام قصواء اور دوسری کا نام عضباء تھا، ہجرت کے وقت آپ قصواء پر سوار تھے اور حجۃ الوداع کا خطبہ بھی اسی پر سوار ہو کے دیا تھا۔

(۱۲) دو بکریاں خاص دودھ کے لیے تھیں ایک کا نام غوثہ اور دوسری کا نام یمن تھا۔

(۱۳) ایک سفید رنگ کا مرغ بھی تھا جس کا نام "منقول" تھا۔

(۱۴) کل نو تلواریں تھیں۔ ذوالفقار نام کی تلوار غزوۂ بدر کے مال غنیمت میں ملی تھی باقی تلواروں کے نام یہ تھے: قلعی، تبار، قسف، مجذم، رسوب، عضب، قضیب۔

(۱۵) چار نیزے تھے ایک کا نام ان میں سے "شوے" تھا اور بیضاء نام کا ایک بڑا حربہ تھا (جو نیزے سے چھوٹا ہوتا ہے)۔

(۱۶) عرجون نام کی خمدار لاٹھی تھی، چار کمانیں تھیں ایک کا نام "کتوم" تھا۔

(۱۷) ترکش کا نام "کافور" اور ڈھال کا نام "زلوق" تھا۔

(۱۸) ایک خود تھا اس کا نام "ذوالسبوع" تھا۔

آنحضور صلی اللہ علیہ وسلم کی ان اشیاء مبارکہ کے اسماء سے معلوم ہوا کہ چیزوں کا نام رکھنا سنت ہے۔ یوں تو متمول افراد شوق سے اپنے کتوں کے نام رکھتے ہیں اور یہ سنت کی پیروی میں نہیں بلکہ یورپ کی تقلید میں، ورنہ دوسری اشیاء کے نام بھی رکھتے بعض گھروں میں بکرا وغیرہ پالنے کا شوق ہوتا ہے اور ان کے نام بھی رکھ دیئے جاتے ہیں عموماً یہ بھی اتباع سنت کے بجائے شوقیہ ہوتے ہیں۔

آنحضور صلی اللہ علیہ وسلم کے غلام اور ان کے نام: آنحضور صلی اللہ علیہ وسلم کے پاس مختلف زمانوں میں کل ملا کر ستائیس غلام تھے آپ نے ان سب کو آزاد کر دیا تھا بلکہ غلاموں کی آزادی کی تحریک بھی آپ کے مشنِ نبوت کا ایک حصہ تھی آخری وقت میں جب کہ مرض الوفات میں تھے غشی طاری ہو جاتی تھی جب افاقہ ہوتا تو زبانِ مبارک پر صرف دو جملہ ہوتا تھا "الصلاۃ الصلاۃ، العبید العبید"۔

آپ کے غلاموں کے نام یہ تھے۔ زید بن حارثہؓ ان کو آپ نے اپنا منھ بولا بیٹا بنالیا تھا اور زید بن محمد کہلاتے تھے پھر جب متبنّیٰ سے متعلق آیت نازل ہوئی، تو اپنے والد حارثہ کی طرف منسوب ہونے لگے۔

اسامہ بن زید، ثوبان، ابو کبشہ، انیسہ، شقران، رباح، یسار، ابورافع، ابو مویبہ، فضالہ، رافع، مدعم، کرکرہ، زید جد ہلال، عبید، طہمان، نابور قبطی، واقد، ہشام، ابو ضمیر،

ابوعسیب، ابوعبید، سفیہ، ابوہند، الحبشہ، ابوامامہ (رضی اللہ عنہم)

باندیاں: باندیوں کی تعداد دس تھی ان سب کو بھی آپ نے آزاد فرمادیا تھا ان کے نام درج ذیل ہیں:

سلمہ، ام رافع، رضویٰ، اُسیمہ، ام ضمیر، ماریہ، سیرین، ام ایمن میمونہ، خضرہ، خویلہ رضی اللہ عنہن۔ سیرین کو آپ نے حضرت حسان بن ثابت کو تحفہ میں دے دیا تھا (یا کسی اور صحابی کو عطا فرمادیا تھا)۔

خدام النبی صلی اللہ علیہ وسلم: یوں تو فداکارانِ رسول میں سے ہر پروانہ شمع رسالت پر قربان ہونے کو ہر دم تیار رہتا تھا اور کسی بھی ادنیٰ سی خدمت کی سعادت ملنے کو دنیا ومافیہا سے بڑی نعمت سمجھتا تھا، لیکن آپ دوسروں سے کام لینا پسند نہیں فرماتے تھے آپ کے اخلاق حسنہ میں سے تھا کہ اپنا کام خود کرتے تھے پھر بھی آپ کے ذاتی اور گھریلو کاموں کو انجام دینے کے لیے کچھ خاص خدام تھے جن کی تعداد گیارہ تھی جن کے اسماء حسب ذیل ہیں:

حضرت انس بن مالکؓ (دس برس تک خادم خاص تھے) ہند بنت حارثہ، اسماء بنت حارثہ، ربیعہ بن کعب، عبداللہ بن مسعود، عقبہ بن عامر، بلال بن رباح، سعد، ذومخمر (شاہ حبشہ کے بھتیجے) بکسر بن شداخ، ابوذر غفاری رضی اللہ عنہم۔

شاہانِ ممالک کے لیے آنحضور صلی اللہ علیہ وسلم کے سفراء: آنحضور صلی اللہ علیہ وسلم نے عرب وعجم کے شاہانِ ممالک اور سربراہان حکومت کے پیس دعوتی خطوط بھیجے تھے ان کو ایمان و توحید اختیار کر کے فلاح یاب ہونے کی دعوت دی تھی جن حضرات صحابہ کو یہ اعزاز حاصل ہوا کہ سفیرِ رسول مقبول صلی اللہ علیہ وسلم کی حیثیت سے شہرت پائیں ان کے نام یہ ہیں:

(۱) عمرو بن امیہؓ کو شاہ حبشہ نجاشی کے پاس بھیجا۔

(۲) دحیہ کلبیؓ کو قیصر روم ہرقل کے پاس بھیجا۔

(۳) عبد اللہ بن حذافہؓ کو کسرائے فارس کے پاس بھیجا

(۴) حاطب بن ابو بلتعہؓ کو شاہ اسکندریہ مقوقس کے پاس بھیجا

(۵) عمروؓ بن العاص کو شاہ عمان کے پاس بھیجا

(۶) سلیط بن عمرؓ کو یمامہ کے رئیس ہودہ بن علی کے پاس بھیجا

(۷) شجاع بن وہبؓ کو شاہ بلقا کے پاس بھیجا

(۸) مہاجر بن امیہؓ کو حارث حمیری شاہِ حمیر کے پاس بھیجا

(۹) علاء بن حضرمی کو شاہ بحرین منذر بن ساوی کے پاس بھیجا

(۱۰) ابو موسیٰ اشعری اور معاذ بن جبل کو اہل ایمن کی طرف اپنا نمائندہ بنا کر روانہ فرمایا۔

کاتبین وحی رسالت: آنحضور صلی اللہ علیہ وسلم امی تھے پڑھنا لکھنا نہیں جانتے تھے، امی ہونا آپ صلی اللہ علیہ وسلم کا خصوصی امتیاز ہے اور آپ صلی اللہ علیہ وسلم کی رسالت و نبوت کی ایک واضح دلیل ہے کہ ایک امی لقب رسول نے دنیائے انسانیت کو ایسا کلام دیا جس کی فصاحت و بلاغت اور لذت وحلاوت کے سامنے فصحائے عرب سرنگوں نظر آتے ہیں اور قیامت تک دنیا اس کی نظیر پیش کرنے سے قاصر ہے۔ لہٰذا جب قرآن مجید کی آیات کریمہ آپ صلی اللہ علیہ وسلم کے قلب اطہر پر نازل ہوتی تھیں تو آنحضور صلی اللہ علیہ وسلم مختلف صحابہ کرام سے ان کی کتابت کرواتے تھے کاتبین وحی کے اسماء حسب ذیل ہیں، نیز انھیں میں سے خطوط و فرامین لکھنے والے ہیں:

حضرت ابو بکر صدیق، عمر بن خطاب، عثمان بن عفان، علی بن ابی طالب، عامر بن فہیرہ، عبد اللہ بن ارقم، اُبی بن کعب، ثابت بن قیس بن شماس، خالد بن سعید، حنظلہ بن

ربیع، زید بن ثابت، معاویہ بن ابی سفیان، شرجیل بن خسنہ۔ رضی اللہ عنہم۔

جن کو خصوصیت حاصل تھی: حضرت زید بن حارثہ اور ان کے صاحبزادے حضرت اسامہ بن زید رضی اللہ عنہما سے حد درجہ پیار فرماتے تھے، جب زید بن حارثہ کہیں سفر سے واپس آتے تو فرطِ شوق سے لپک کر گلے لگاتے تھے حضرت اسامہ بن زید کی کسی بات کو رد نہیں کرتے تھے یہ حب الرسول سے مشہور تھے صحابہ کرام رضوان اللہ اجمعین ان سے سفارش کراتے تھے، حضرت سلمان فارسی رضی اللہ تعالیٰ عنہ کو بہت عزیز رکھتے تھے۔ فرمایا، سلمان منا اہل بیت کہ سلمان ہم اہلِ بیت میں سے ہیں۔ حضرت بلال اور حضرت عمار بن یاسر، حضرت ابوذر غفاری، حضرت عبد اللہ بن مسعود رضی اللہ عنہم محبوبین مخصوصین میں شمار ہوتے تھے۔

ازواج مطہرات: وفات کے وقت آنحضور صلی اللہ علیہ وسلم کے نکاح میں کل نو ازواج مطہرات تھیں، یہ بیویاں تھیں جن کے فضائل قرآن کریم میں آئے ہیں کہ تم عام عورتوں کی مانند نہیں ہو، ینسآء النبی لستن کأحدٍ من النساء (سورہ احزاب) یہ حرم نبی ہیں ان کو دنیا کی تمام عورتوں میں خصوصی امتیاز وفضیلت حاصل ہے۔

(۱) حضرت سودہ بن زمعہ رضی اللہ عنہا ان سے قبلِ ہجرت نکاح فرمایا۔

(۲) حضرت عائشہ بن ابی بکر رضی اللہ عنہا ان سے بھی ہجرت سے قبل نکاح ہوا اور رخصتی مدینہ میں ایک ہجری میں ہوئی۔

(۳) حضرت حفصہ بن عمر رضی اللہ عنہا ان سے شعبان ۳ھ میں نکاح فرمایا۔

(۴) حضرت ام سلمہ بن ابی امیہ رضی اللہ عنہا ان سے شعبان ۴ھ میں نکاح فرمایا۔

(۵) حضرت زینب بنت جحش رضی اللہ عنہا ان سے ۵ھ میں نکاح فرمایا یہ آنحضرت صلی اللہ علیہ وسلم کی پھوپھی زاد بہن ہیں۔

(٦) حضرت ام حبیبہ بنت ابی سفیان رضی اللہ عنہا ان سے ٦ھ میں نکاح فرمایا اور خلوت ٧ھ میں ہوئی۔

(٧) حضرت جویریہ بنت حارث رضی اللہ عنہا ان سے ٦ھ میں نکاح فرمایا۔

(٨) حضرت میمونہ بنت حارث ہلالیہ رضی اللہ عنہا ان سے ٧ھ میں نکاح فرمایا۔

(٩) حضرت صفیہ بنت حی بنت اخطب رضی اللہ عنہا ان سے ٧ھ میں نکاح فرمایا یہ یہودی سردار کی صاحبزادی تھیں۔

(١٠) حضرت خدیجۃ الکبریٰ بنت خویلد رضی اللہ عنہا آپ نے سب سے پہلے انھیں کی خواہش و پیغام پر نکاح کیا تھا جب کہ آپ کی عمر شریف ٢٥ سال تھی اور وہ بیوہ چالیس سال کی باعزت مالدار خاتون تھیں آپ کی تمام اولاد سوائے حضرت ابراہیمکے انھیں کے بطن سے ہیں یہ ہجرت سے قبل وفات پاگئیں تھیں، آنحضور صلی اللہ علیہ وسلم ان کی بہت قدر فرماتے تھے ہمیشہ یاد کرتے رہے۔

(١١) حضرت زینب بن خزیمہ رضی اللہ عنہا ان سے ٣ھ میں نکاح فرمایا مگر دو یا تین ماہ کے بعد یہ وفات پاگئیں۔

اولاد الرسول صلی اللہ علیہ وسلم: آنحضور صلی اللہ علیہ وسلم کی تمام اولاد سوائے حضرت ابراہیم بن محمد علیہ السلام کے حضرت خدیجہ رضی اللہ عنہا سے ہیں۔ حضرت زینب رضی اللہ عنہا جن کا نکاح ابو العاص سے ہوا تھا حضرت رقیہ رضی اللہ عنہا، حضرت ام کلثوم رضی اللہ عنہا ان دونوں صاحبزادیوں کا نکاح حضرت عثمان غنی رضی اللہ عنہ سے ہوا پہلے رقیہؓ سے، ان کی وفات کے بعد ام کلثومؓ سے، حضرت فاطمہ رضی اللہ عنہا یہ آنحضور صلی اللہ علیہ وسلم کی سب سے چھوٹی اور سب سے محبوب صاحبزادی تھیں، ان کا نکاح حضرت علی کرم اللہ وجہہ سے ہوا تھا۔

انھیں صاحبزادی سے آپ صلی اللہ علیہ وسلم کا سلسلہ نسب چلا ہے حضرت حسن اور حضرت حسین رضی اللہ عنہما انھیں کے بطن سے ہیں اور رسول اللہ صلی اللہ علیہ وسلم کے سلسلہ کو جاری رکھنے والے ہیں۔

حضرت عبداللہ جن کا لقب طاہر اور طیب ہے اور حضرت قاسم یہ دونوں صاحبزادے بھی حضرت خدیجہ رضی اللہ عنہا کے بطن سے تھے، ہجرت سے قبل مکہ میں وفات پائے حضرت قاسم۔ حضرت ماریہ قبطیہ رضی اللہ عنہا کے بطن سے تھے یہ دو تین سال کے بعد وفات پائے۔

سیرۃ النبی صلی اللہ علیہ وسلم کی یہ ایک جھلک ہے سیرۃ مبارکہ کا مطالعہ اس لیے ضروری ہے کہ اس کے بغیر آپ صلی اللہ علیہ وسلم کو ایک مسلمان نمونہ کامل بنانے پر قادر نہیں ہو گا آپ جہاں داعی برحق ہیں تو وہیں انسانِ کامل بھی ہیں۔ آپ شوہر بھی ہیں آپ باپ بھی ہیں، آپ خسر بھی ہیںآپ داماد بھی ہیں، آپ تاجر بھی ہیں آپ قائد بھی ہیں۔ آپ سپہ سالار بھی ہیں آپ مظلوم بھی ہیں، آپ مہاجر بھی ہیں آپ نے زخم بھی کھائے آپ نے مشقت بھی جھیلی آپ نے بھوک بھی برداشت کی آپ نے بکریاں بھی چرائیں آپ نے سیادت بھی فرمائی۔ آپ نے معاملات بھی کیے، آپ نے لین دین بھی فرمایا، آپ نے قرض بھی لیا، آپ نے ایک انسان کی حیثیت سے معاشرہ کا ہر وہ کام کیا جو ایک انسان فطری طور پر کرتا ہے۔ اس لیے آپ کو نمونہ بنائے بغیر نہ کوئی کامیاب باپ، شوہر، خسر، داماد، تاجر وسپہ سالار بن سکتا ہے اور نہ ہی حق تعالیٰ کی کماحقہ اپنی طاقت بھر اطاعت وعبادت کرسکتا ہے آپ کی سیرت طیبہ حیات انسانی کے ہر گوشہ کا کامل احاطہ کرتی ہے۔

***

صنف نازک کے ساتھ نبی رحمت ﷺ کا برتاؤ

مفتی رفیع الدین حنیف قاسمی

جب نبی کریم صلی اللہ علیہ وسلم کو اللہ عزوجل نے ساری مخلوقات کے لیے "نبی رحمت" بنا کر بھیجا، تو آپ صلی اللہ علیہ وسلمکی شانِ رحیمی وکریمی اس "صنفِ نازک" پر کیوں سایہ فگن نہ ہوتی، جس کو دنیا "آبگینہ" جیسے لطیف ونازک شیء کے ساتھ تشبیہ دیتی ہے؛ بلکہ نرم اور نازک شی کے ساتھ دنیا والوں کی رعایت واہتمام بھی زیادہ ہوتا ہے تو آپ کے رحم وکرم سے "عورت" کیوں محروم ہوتی، آپ صلی اللہ علیہ وسلمکی تعلیمات میں عورت کی رعایت اوراس کی صنفی نزاکت کے ساتھ احکام موجود ہیں، موجودہ دور کا اس صنف نازک کے ساتھ یہ المیہ ہے کہ اس نے عورت کو گھر کی "ملکہ" کے بجائے "شمع محفل" بنادیا ہے، اس کی نسوانیت اور نزاکت کو تار تار کرنے کے لیے "زینتِ بازار" اور اپنی تجارت کے فروغ کا "آلہ کار" اور "ذریعہ" بنادیا، عورت کے لیے پردہ کے حکم میں دراصل اس کی نزاکت کی رعایت ہی مقصود ہے کہ اسے مشقت انگیز کاموں سے دور رکھ کر اس کو درونِ خانہ کی صرف ذمہ داری سونپی جائے۔

اللہ عزوجل اپنے نبی رحمت صلی اللہ علیہ وسلمپر نازل کردہ کتاب میں عورتوں کے تعلق سے فرمایا ہے: "عاشروھن بالمعروف" (اور ان عورتوں کے ساتھ خوبی کے ساتھ گزران کیا کرو)۔

آپ صلی اللہ علیہ وسلم کی صنف نازک کے بہترین برتاؤ کی تاکید

نبی کریم صلی اللہ علیہ وسلم نے صنف نازک کے ساتھ بہترین سلوک اور برتاؤ کی تاکید کی، خود آپ صلی اللہ علیہ وسلم بھی عورتوں کے ساتھ اچھا برتاؤ اور ان کے ساتھ حسن سلوک فرماتے۔

خود نبی کریم صلی اللہ علیہ وسلم نے بھی عورتوں کے ساتھ نیکی، بھلائی، بہترین برتاؤ، اچھی معاشرت کی تاکید فرمائی ہے، حضرت عائشہؓ سے مروی ہے کہ رسول اللہ انے فرمایا: تم میں سب سے بہترین وہ لوگ ہیں جو اپنی عورتوں کے ساتھ اچھا برتاؤ کرتے ہیں، اور میں تم میں اپنی خواتین کے ساتھ بہترین برتاؤ کرنے والا ہو (ترمذی: کتاب المناقب: باب فضل ازواج النبی، حدیث: ۳۸۹۵)

اور ایک روایت میں نبیِ کریم صلی اللہ علیہ وسلم عورتوں کے ساتھ حسن سلوک کی تاکید کرتے ہوئے فرمایا: حضرت ابوہریرہؓ فرماتے ہیں کہ رسول اللہ صلی اللہ علیہ وسلم نے فرمایا: میں تم کو عورتوں کے بارے میں بھلائی کی نصیحت کرتا ہوں (مسلم: کتاب الرضاع، باب الوصیۃ بالنساء، حدیث: ۱۴۶۸)

اور ایک روایت میں نبیِ کریم صلی اللہ علیہ وسلم نے عورتوں کے ساتھ حسنِ سلوک اور بہترین برتاؤ کو کمالِ ایمان کی شرط قرار دیا ہے، حضرتِ عائشہ صدیقہؓ سے روایت ہے کہ رسول اللہ صلی اللہ علیہ وسلم نے فرمایا: مسلمانوں میں اس آدمی کا ایمان زیادہ کامل ہے جس کا اخلاقی برتاؤ (سب کے ساتھ) (اور خاص طور سے) بیوی کے ساتھ جس کا رویہ لطف ومحبت کا ہو۔ (المستدرک: کتاب الایمان: حدیث: ۱۷۳)

بیویوں کے ساتھ آپ کا دوستانہ برتاؤ

حضورِ اکرم صلی اللہ علیہ وسلم کے اپنے ازواج کے ساتھ کس طرح بے تکلف، پر

لطف اور دوستانہ تعلقات تھے اسکا اندازہ مندرجۂ ذیل واقعات سے لگایا جاسکتا ہے۔

* ایک مرتبہ حضور اکرم صلی اللہ علیہ وسلم نے حضرت عائشہؓ سے فرمایا کہ: جب تم مجھ سے راضی ہوتی ہو اور جب تم مجھ سے ناراض ہوتی ہو دونوں حالتوں کا علم مجھے ہو جاتا ہے، حضرت عائشہؓ نے پوچھا کہ: یارسول اللہ! کس طرح علم ہو جاتا ہے؟ آپ نے فرمایا کہ: جب تم مجھ سے راضی ہوتی ہو تو "لا وربّ محمد" (محمد کے رب کی قسم) کے الفاظ سے قسم کھاتی ہو، اور جب تم مجھ سے ناراض ہوتی ہو تو "لا ورب ابراہیم" (ابراہیم کے رب کی قسم) کے الفاظ سے قسم کھاتی ہو، اس وقت تم میرا نام نہیں لیتیں؛ بلکہ حضرت ابراہیم کا نام لیتی ہو، حضرت عائشہ نے فرمایا: (یارسول اللہ! میں صرف آپ کا نام چھوڑتی ہوں) نام کے علاوہ کچھ نہیں چھوڑتی (بخاری: کتاب الأدب: باب مایجوز من الھجران من عصی، حدیث: ٦٠٧٨)

* ایک مرتبہ حضور صلی اللہ علیہ وسلم حضرت سودہؓ کے گھر میں تھے اور ان کی باری کا دن تھا، حضرت عائشہؓ نے حضور اکرم صلی اللہ علیہ وسلم کے لیے ایک حلوہ پکایا اور حضرت سودہؓ کے گھر پر لائیں اور لاکر حضور اکرم صلی اللہ علیہ وسلم کے سامنے رکھ دیا، اور حضرت سودہؓ بھی سامنے بیٹھی ہوئی تھیں، ان سے کہا کہ تم بھی کھاؤ، سودہؓ کو یہ بات گراں لگی کہ حضور صلی اللہ علیہ وسلم کا جب میرے یہاں باری کا دن تھا تو پھر یہ حلوہ پکاکر کیوں لائیں؟ اس لیے انھوں نے کھانے سے انکار کر دیا، حضرت عائشہؓ نے حضرت سودہؓ کے منہ پر مل دیا، حضرت سودہؓ نے حضور صلی اللہ علیہ وسلم سے شکایت کی تو آپ صلی اللہ علیہ وسلم نے فرمایا کہ قرآن میں آیا ہے کہ "جزاء سیئۃ سیّئۃ مثلھا" یعنی اگر تمہارے ساتھ کوئی برائی کرے تو تم بھی بدلے میں اسی کے بقدر برائی کرو؛ لہٰذا بدلہ میں تم بھی ان کے منہ پر حلوہ مل دو؛ چنانچہ حضرت سودہؓ نے تھوڑا سا حلوہ اٹھاکر حضرت عائشہؓ کے

چہرے پر مل دیا، اب دونوں کے چہرے پر حلوہ ملا ہوا ہے، یہ سب حضور صلی اللہ علیہ وسلم کے سامنے ہو رہا ہے، اس دوران حضرت عمر کی آمد ہوئی تو حضور اکرم صلی اللہ علیہ وسلم نے ان دونوں کو منہ دھونے کو کہا (مسند ابی یعلی: مسند عائشہ: حدیث:۴۴۷۶، دارالمأمون، دمشق، مجمع الزوائد: باب عشرۃ النساء: حدیث:۷۶۸۳)

* حضرت عائشہؓ سے مروی ہے کہ میں ایک سفر میں حضور صلی اللہ علیہ وسلم کے ساتھ تھی تو پیدل دوڑ میں حضور صلی اللہ علیہ وسلم کے ساتھ ہمارا مقابلہ ہوا تو میں جیت گئی اور آگے نکل گئی، اس کے بعد جب (موٹاپے) سے میرا جسم بھاری ہو گیا تو (اس زمانے میں بھی ایک دفعہ) ہمارا دوڑ میں مقابلہ ہوا تو آپ جیت گئے، اس وقت آپ نے فرمایا: یہ تمہاری اس جیت کا جواب ہو گیا(ابو داؤد: کتاب الجہاد، باب فی السبق علی الرجل، حدیث:۲۵۷۸)

* حضرتِ عائشہ صدیقہؓ سے روایت ہے بیان کرتی ہیں کہ خدا کی قسم! میں نے یہ منظر دیکھا ہے کہ (ایک روز) حبشی نابالغ لڑکے مسجد میں نیزہ بازی کر رہے تھے، رسول اللہ صلی اللہ علیہ وسلم ان کا کھیل دکھانے کے لیے میرے لیے اپنی چادر کا پردہ کر کے میرے حجرے کے دروازے پر کھڑے ہو گئے، (جو مسجد میں کھلتا تھا) میں آپ صلی اللہ علیہ وسلم کے کاندھے درمیان سے ان کا کھیل دیکھتی رہی، آپ صلی اللہ علیہ وسلم میری وجہ سے مسلسل کھڑے رہے؛ یہاں تک کہ (میرا جی بھر گیا) اور میں خود ہی لوٹ آئی۔ (مسلم: باب الرخصۃ فی اللعبۃ التی لا معصیۃ فیہ فی ایام العید: حدیث:۸۹۲)

* حضرت عائشہؓ سے روایت ہے کہ رسول اللہ صلی اللہ علیہ وسلم کے پاس نکاح ورخصتی کے بعد آپ کے پاس آجانے کے بعد بھی گڑیوں سے کھیلا کرتی تھی اور میرے ساتھ کھیلنے والی میری سہلیاں تھیں، جب حضرت گھر میں تشریف لاتے تو وہ (آپ کے

احترام میں کھیل چھوڑ کر) گھر کے اندر چھپتیں تو آپ ان کو میرے پاس بھجوادیتے اور میرے ساتھ کھیلنے لگتیں۔ (بخاری: باب الانبساط الی النّاس، حدیث:۵۷۷۹)

عورت پر ظلم وزیادتی کی ممانعت

نبی کریم صلی اللہ علیہ وسلم نے صنف نازک کو مارنے پیٹنے یا اس کو کسی بھی قسم کی تکلیف دینے سے سختی سے منع فرمایا: تم میں سے کوئی اپنی بیوی کو اس طرح نہ پیٹنے لگے جس طرح غلام کو پیٹا جاتا ہے اور پھر دوسرے دن جنسی میلان کی تکمیل کے لیے اس کے پاس پہنچ جائے (بخاری: کتاب النکاح، باب مایکرہ من ضرب النساء، حدیث:۲۹۰۸)

ایک دفعہ نبیِ کریم صلی اللہ علیہ وسلم سے بیویوں کے حقوق کے متعلق پوچھا گیا تو آپ صلی اللہ علیہ وسلم نے فرمایا: جب تم کھاؤ تو اس کو کھلاؤ، اور جب تم پہنو تو اس کو پہناؤ، نہ اس کے چہرے پر مارو اور نہ برا بھلا کہو اور نہ جدائی اختیار کرو، اس کا موقع آ بھی جائے یہ گھر میں ہی ہو (ابو داؤد: کتاب النکاح، باب فی حق المرأۃ علی زوجھا، حدیث:۲۱۴۳)

آپ صلی اللہ علیہ وسلم نے اپنی بیویوں کو مارنے پیٹنے والوں کو خراب لوگ فرمایا: اپنی بیویوں کو مارنے والے اچھے لوگ نہیں ہیں ،(ابن حبان : باب معاشرۃ الزوجین، حدیث: ۱۴۸۹) اور خود نبیِ کریم صلی اللہ علیہ وسلم نے اپنی بیویوں میں سے کسی پر کبھی ہاتھ نہیں اٹھایا، (مسلم: باب مباعدتہ، حدیث:۲۳۴۸)

عورت کے حقوق کی رعایت کی تاکید

جس طرح مرد یہ چاہتا ہے کہ بیوی اس کے لیے بناؤ وسنگار کرے، اسی طرح مرد کو بھی عورت کے لیے بناؤ سنگار کرنا چاہیے، صاف ستھرا رہنا چاہیے!

ابن عباسؓ فرمایا کرتے تھے کہ میں یہ پسند کرتا ہوں کہ اپنی بیوی کو خوش کرنے کے لیے میں بھی اپنی زینت کروں جس طرح وہ مجھے خوش کرنے کے لیے اپنا بناؤ سنگھار کرتی

ہے ؛ چونکہ ارشادِ باری عزوجل ہے : وَلَهُنَّ مِثْلُ الَّذِي عَلَيْهِنَّ بِالْمَعْرُوفِ (البقرة: ۲۲۸)(اور عورتوں کا بھی حق ہے جیسا کہ مردوں کا حق ان پر ہے دستور کے مطابق)میں یہ نہیں چاہتا کہ وہ تو میری تمام حقوق کی ادائیگی کرے، حالانکہ اللہ عزوجل کا ارشاد ہے کہ "وَلِلرِّجَالِ عَلَيْهِنَّ دَرَجَةٌ" (اور مردوں کو عورتوں پر فضیلت ہے)(السنن الکبریٰ للبیہقی: باب حق المرأة علی الزوج، حدیث:۱۵۵۰۵)یعنی جس طرح مرد کو ہر اعتبار سے عورت پر فضیلت حاصل ہے، اسی طرح اسے اخلاق کے اعتبار سے بھی اس پر فضیلت ہونا چاہیے۔

ابو یوسف سے روایت ہے کہ وہ فرماتے ہیں کہ جیسے مجھے یہ پسند ہے کہ میری بیوی میرے لیے زینت کرے، اسے بھی یہ اچھا لگتا ہے کہ میں اس کے لیے زینت کروں "کما یعجبنی أن تتزین لی زوجتی یعجبھا أن اتزین لھا(الفتاوی الھندیۃ:۵/۲۵۹)

آپ صلی اللہ علیہ وسلم اپنی ازواج کے کاموں میں ہاتھ بٹاتے

حضراتِ انبیاء اہلِ خانہ کی ضروریات کا خیال کرتے تھے، چنانچہ حضرت موسی اللہ کے پیغمبر ہیں، ان کی بیوی بیمار حالت میں ہیں، انھیں سردی لگی اور وقت کے پیغمبر آگ ڈھونڈنے کے لیے چل پڑے، پرودگار کو پسند آیا اور نبوت سے سرفراز فرمایا۔

نبیِ کریم صلی اللہ علیہ وسلم کی سنتِ مبارکہ تھی، کبھی گھر میں آٹا گوندھ دیتے، گھر کی دیگر ضروریات پوری کرتے، حضرت عائشہؓ سے حضور صلی اللہ علیہ وسلم کے گھر میں معمولات کے بارے میں پوچھا، تو انھوں نے بتایا کہ : "اپنے سر سے جوئی نکالتے، اپنی بکری کا دودھ دوہتے، اپنے کپڑے سی لیتے، اپنی خدمت خود کرلیتے، اپنے جوتے سی لیتے اور وہ تمام کام کرتے جو مرد اپنے گھر میں کرتے ہیں، وہ اپنے گھر والوں کی خدمت میں لگے ہوتے کہ جب نماز کا وقت ہوتا تھا وچھوڑ کر چلے جاتے (ترمذی: باب مما فی صفۃ اوانی

الحوض: حدیث:۲۴۸۹)

بچیوں کی پرورش کی فضیلت

آپ صلی اللہ علیہ وسلم کا یہ رحم وکرم نہ صرف ازواج کے ساتھ مخصوص تھا؛ بلکہ پوری صنف نازک کے ساتھ آپ صلی اللہ علیہ وسلم نے بہترین برتاؤ کا حکم کیا، قبل از اسلام عرب میں لڑکیوں ں کو زندہ در گور کرنے کا رواج تھا، لڑکی کی پیدائش کو باعث ننگ وعار باور کیا جاتا، جیسا کہ قرآن مجید نے خود اس کی منظر کشی کی ہے "وَاِذَا بُشِّرَ اَحَدُهُمْ بِالْاُنْثٰى ظَلَّ وَجْهُهٗ مُسْوَدًّا وَّهُوَ كَظِيْمٌ ،يَتَوَارٰى مِنَ الْقَوْمِ مِنْ سُوْٓءِ مَا بُشِّرَ بِهٖ "(سورۃ النحل:۵۸) جب ان میں سے کسی کو لڑکی کی خوشخبری دی جاتی ہے تو اس کا چہرہ سیاہ پڑ جاتا ہے اور وہ غصہ سے بھر جاتا، لوگوں سے چھپتا پھرتا ہے اس برائی کی خوشخبری کے سبب سے جو اسے دی گئی، آپ صلی اللہ علیہ وسلم نے نہ صرف عورت کو جینے کا حق دیا اور اس کو معاشرہ میں بلند مقام عطا کیا؛ بلکہ عورت کے وجود کو خیر وبرکت کا باعث اور نزول رحمت کا ذریعہ اور اس کی نگہداشت اور پرورش کو دخولِ جنت کا ذریعہ بتایا۔

حضرت ابن عباس رضی اللہ عنہما سے روایت ہے کہ نبی کریم صلی اللہ علیہ وسلم نے ارشاد فرمایا: جس مسلمان کی دو بیٹیاں ہوں، پھر جب تک وہ اس کے پاس رہیں یا یہ ان کے پاس رہے اور وہ ان کے ساتھ اچھا برتاؤ کرے تو وہ دونوں بیٹیاں اس کو ضرور جنت میں داخل کرادیں گی (ابن حبان: باب ماجاء فی الصبر والثواب، حدیث:۲۹۴۵)

حضرت انسؓ سے روایت ہے کہ رسول اللہ صلی اللہ علیہ وسلم نے ارشاد فرمایا: جس شخص نے دو لڑکیوں کی پرورش اور دیکھ بھال کی وہ شخص اور میں جنت میں اس طرح اکٹھے داخل ہوں گے جیسے یہ دو انگلیاں۔ یہ ارشاد فرما کر آپ صلی اللہ علیہ وسلم نے اپنی دونوں انگلیوں سے اشارہ فرمایا۔ (ترمذی: باب ما جاء فی النفقة علی البنات والاخوات، حدیث:

۱۹۱۴)

حضرت عائشہؓ روایت کرتی ہیں کہ رسول اللہ صلی اللہ علیہ وسلم نے ارشاد فرمایا: جس شخص نے ان بیٹیوں کے کسی معاملہ کی ذمہ داری لی اور ان کے ساتھ اچھا سلوک کیا تو یہ بیٹیاں اس کے لیے دوزخ کی آگ سے بچاؤ کا سامان بن جائیں گی (بخاری: باب رحمۃ الولد، حدیث:۵۹۹۵)

عورتوں کی کوتاہیوں سے درگذر کا حکم

نہ صرف یہ نبی کریم صلی اللہ علیہ وسلم نے عورت کے ساتھ بہترین سلوک اور برتاؤ کا حکم دیا؛ بلکہ اس کی کمی کمزوری اور خاص مزاجی کیفیت کی وجہ سے پیدا ہونے والی تکالیف کو انگیز کرنے کی بھی تاکید فرمائی:

اسی کو اللہ عز وجل نے یوں فرمایا: وَعَاشِرُوهُنَّ بِالْمَعْرُوفِ، فَإِنْ كَرِهْتُمُوهُنَّ شَيْئًا فَعَسَىٰ أَنْ تَكْرَهُوا شَيْئًا وَيَجْعَلَ اللَّهُ فِيهِ خَيْرًا كَثِيرًا "(النساء: ۱۹) اور ان عورتوں کے ساتھ حسن وخوبی سے گذر بسر کرو اور اگر تم کو وہ ناپسند ہوں تو ممکن ہے کہ تم ایک چیز ناپسند کرو اور اللہ تعالی اس کے اندر بڑی منفعت رکھ دے۔

اسی کو ایک روایت میں نبیِ کریم صلی اللہ علیہ وسلم نے فرمایا: کوئی مسلمان مرد کسی مسلمان عورت کو اس لیے مبغوض نہ رکھے کہ اس کی کوئی عادت ناگوارِ خاطر ہے؛ اس لیے کہ اگر ایک عادت ناپسند ہے تو ممکن ہے کوئی دوسری عادت پسند آجائے (مسلم: باب الوصیۃ بالنساء، حدیث:۱۴۶۹)

ان روایات سے پتہ چلتا ہے کہ اللہ کے نبی صلی اللہ علیہ وسلم نے عورت کے ساتھ خصوصیت سے رحم وکرم کا معاملہ فرمایا، اس کی صنفی نزاکت کو ملحوظ رکھ کر اس کے ساتھ رحم وکرم کرنے کا حکم دیا، اس پر بار اور مشقت ڈالنے سے منع فرمایا، اس پر بے جا سختی

سے روکا؛ اس کو قعرِ مذلت سے نکال عزت و وقار کا تاج پہنایا، ماں، بہو، ساس، بیوی وغیرہ کی شکل میں اس کے حقوق عنایت کیے، اس کی تعظیم واکرام کا حکم کیا، اس کی پرورش وپرداخت اور اس کی نگرانی اور دیکھ بھال کو جنت کا وسیلہ اور ذریعہ فرمایا، یہ صنف نازک کے ساتھ نبی صلی اللہ علیہ وسلم کریم کا طرز و عمل تھا۔

***

رسولِ رحمت ﷺ کا سیاسی تدبّر

ڈاکٹر محمد حسین مُشاہد رضوی

اسلام نظامِ محکم ہے ہر دور کی خاطر عام بھی ہے
اس قصرِ مُشیّد میں آ ؤ یہ عام بھی ہے اور تام بھی ہے
آزادروی میں فکر و غم افسوس ہے لیکن کچھ بھی نہیں
پابندیِ حق میں تلخی ہے تکلیف بھی آرام بھی ہے

(بدرالقادری مصباحی)

سرورِ کائنات ﷺ نے اس خاکدانِ گیتی پر جلوہ فرما ہو کر سسکتی بلکتی انسانیت کو اطمینان و سکون کی دولت نصیب فرمائی۔ کوہ کنوں کو پرویز کا مقام دیا۔ زیر دستوں کو زبردستوں کی آنکھوں میں آنکھیں ڈالنے کی قوت و توانائی بخشی۔ اونٹوں کے چرواہوں کو اقوام و ملل کا امام بنادیا۔ بالکل قلیل عرصے میں طویل خطۂ ارضی کو اسلام کے زیرِ اثر کرلیا اور دنیا کے بیش تر ممالک میں اسلام کا پرچم پوری آب و تاب اور شان و شوکت سے لہرانے لگا۔ آپ یہ نہ سمجھیں کہ یہ اسلام کی عسکری قوت اور شمشیر و سناں کے زور پر ہوا۔ نہیں نہیں! بل کہ یہ تو در حقیقت سرورِ کائنات ﷺ کے اعلیٰ ترین اَخلاق و کردار کے ساتھ ساتھ آقا ﷺ کے سیاسی حکمت و تدبّر کا ثمرہ تھا۔

مصطفیٰ جانِ رحمت ﷺ کی سیرتِ طیبہ میں ایسی واضح مثالیں موجود ہیں، جو آپ

ﷺ کے کمال درجہ سیاسی تدبّر و ذکاوت پر دلالت کرتی ہیں اور جن کی روشنی میں بلا تردد کہہ سکتے ہیں کہ کس قدر دانش مندی اور دور اندیشی سے آپ ﷺ روزمرہ میں وقوع پذیر ہونے والے مسائل کو حل فرمادیا کرتے تھے۔ اختلافِ آرا کو دور فرمادیتے تھے معاہدے کرتے اور نبھاتے بھی تھے۔ آپ ﷺ کی زیرکی اور دانائی کا یہ نتیجہ تھا کہ ظاہری و باطنی مصلحتیں حاصل ہو جاتی تھیں اور جس کے سبب نفع و فائدہ مل جاتا، بُرائی دور ہو جاتی، ذرائع کا بندوبست ہو جاتا اور ہر کام اپنی اپنی جگہ پر مناسب انداز سے انجام پا جاتا۔

دنیاوی معاملات میں بھی آپ ﷺ کو ایسی کامیابی عطا ہوتی تھی کہ جو پہلے کسی کو نہیں ملی۔ اور یہ کامیابی ایسی بے نظیر تھی کہ امورِ دنیا کے انجام دینے کے باوجود آپ ﷺ کی عبادت گزاری، زہد و تقویٰ اور نیکی میں کوئی تبدیلی واقع نہ ہوئی۔ یہ ایک مسلمہ حقیقت ہے کہ آقائے کائنات ﷺ کی پاکیزہ زندگی میں ہمارے لیے عظیم رہنمائی موجود ہے، جو انھوں نے قولاً نہیں بل کہ عملاً ہمیں کر کے دکھائی، اور ایسے واضح اور رہنما اصولِ ہدایت دے گئے جن کو اپنانا حکامِ زمانہ اور اربابِ سیاست کے لیے از بس ضروری ہے۔

جب آقائے کائنات ﷺ مدینۂ منورہ میں تشریف لائے تو آپ ﷺ کو انتہائی پیچیدہ صورتِ حال کا سامنا تھا۔ مگر آپ نے بہ کمالِ حکمت و دانش حُسنِ تدبیر سے موقع و محل کو سمجھا اور پوری صورتِ حال کو بہتر طور پر قابو میں کرلیا۔ بلا شبہ یہ آپ ﷺ کی اعلیٰ ترین سیاسی حکمت و تدبر کی بین دلیل ہے یہ آپ ﷺ کی راست سیاست کا نتیجہ تھا کہ جب آپ ﷺ نے مدینۂ منورہ میں لوگوں میں ان کے اختلافِ عقائد کے سبب عدم محبت و اُنس کو دیکھا تو آپ ﷺ نے اپنے نظام میں ایسے قوانین کا اِجرا فرمایا جن کے

تحت لوگوں کے حقوق کا تحفظ، عقیدے کی آزادی، جان و مال اور عزت و آبرو کی حفاظت کا مقصد حاصل ہو جاتا تھا۔

یہ سرورِ کائنات ﷺ کی سیاسی بصیرت و حکمت ہی تھی کہ مدینۂ منورہ کی تمام قوتیں یکے بعد دیگرے آپ ﷺ کے قدومِ ناز میں آلگیں۔ آپ نے جتنے بھی معاہدات کیے ہر ایک میں آپ کو مکمل کامیابی و کامرانی ہوئی کیوں کہ معاہدے کا تقاضہ ہی یہی ہوتا ہے کہ اختلاف کی صورت میں فیصلہ آپ کے ہاتھ میں ہو۔ یہی وہ وقت تھا جب اسلامی حکومت کی بنیاد کا پتھر رکھ دیا گیا۔

حضور رحمتِ عالم ﷺ کی سیاسی بصیرت کا ایک ایمان افروز واقعہ ہے کہ غزوۂ بنی مصطلق کے موقع پر ایک دن پانی لینے پر ایک مہاجر اور ایک انصاری میں کچھ تکرار ہو گئی مہاجر نے بلند آواز سے کہا: "یاللمہاجرین" (اے مہاجرو! فریاد ہے) اور انصاری نے کہا: "یاللانصار" (اے انصاریو! فریاد ہے) کا نعرہ مارا یہ نعرہ سنتے ہی انصار و مہاجر دوڑ پڑے اور اس قدر بات بڑھ گئی کہ آپس میں جنگ و جدل کی نوبت آگئی رئیس المنافقین عبد اللہ بن ابی کو شرارت کا ایک موقع مل گیا اس نے اشتعال دلانے کے لیے انصاریوں سے کہا کہ: "یہ تو وہی مثل ہوئی کہ تم اپنے کتّے کو فربہ کرو تا کہ وہ تمہیں کھاڈالے۔"

جب عبد اللہ بن ابی منافق کی یہ بے ہودہ باتیں حضرت سیدنا عمر فارقِ اعظم رضی اللہ عنہ کے کانوں میں پڑی تو آپ نے حضور ﷺ سے عرض کیا: "یارسول اللہ! کسی کو حکم دیں کہ ابن ابی کو قتل کر دے۔" مگر اس کے جواب میں حکیم دانا، رحمتِ عالم ﷺ نے حکمت و تدبّر سے فرمایا کہ: "اے عمر! یہ بات کیسی ہوگی کہ لوگ کہیں گے کہ محمد (ﷺ) اپنے ساتھیوں کو بھی قتل کرنے لگے ہیں، یہ سن کر حضرت عمر رضی اللہ عنہ خاموش ہو گئے، ابن ابی جتنا اسلام اور بانی اسلام ﷺ کا دشمن تھا اس سے کہیں زیادہ

اس کے بیٹے جن کا نام بھی عبد اللہ تھا سرورِ کائنات ﷺ کے عاشق وشیدائی اور جاں نثار صحابی تھے۔ جب انھیں اپنے باپ کی بکواس کی خبر لگی تو بارگاہِ رسالت مآب ﷺ میں آکر عرض کی کہ: "یارسول اللہ! اگر میرے باپ کا قتل کرنا آپ کو پسند ہے تو آپ مجھے حکم دیں کہ میں خود ہی اپنے باپ کا سر کاٹ کر آپ کے قدموں میں ڈال دوں۔" رؤف ورحیم ﷺ نے جواب دیا: "نہیں اے عبد اللہ! بل کہ اپنے والد کے ساتھ نرمی کرو، مَیں کبھی تمہارے باپ کے ساتھ بُرا سلوک نہیں کروں گا۔" آپ ﷺ کے اس سیاسی تدبّر اور حکمتِ عملی کا اس قدر دوررس اثر پڑا کہ بعد میں جب کبھی ابن ابی کوئی شرارت کرتا تو لوگ سرورِ کائنات ﷺ کا یہ قول اُسے یاد دلادیتے۔

اسی طرح سرورِ کائنات ﷺ کی بالغ نظری کا بڑا ثبوت صلح حدیبیہ کی شرائط بھی ہیں جو بہ ظاہر مسلمانوں کو ذلت آمیز دکھائی دیں، مگر کچھ عرصہ گذرا تو مسلمانوں کو معلوم ہوگیا کہ ہادیِ برحق ﷺ کی نظر کس قدر بالغ اور تیز تھی کہ مسلمانوں کو صلح حدیبیہ کے نتائج نے تسلی و تشفی کرادی۔ صلح حدیبیہ کا نتیجہ یہ تھا کہ مکۂ مکرمہ کے کمزور نہتے مسلمانوں کا تحفظ ہوگیا۔ کفار کے مسلمانوں سے ملنے جلنے، ان کے مدینۂ منورہ آنے جانے، اقوالِ رسول ﷺ سننے کا عظیم ترین فائدہ یہ بھی ہوا کہ وہ مسلمان ہونے لگے جن باتوں کو مسلمانوں نے ذلت سمجھا وہ ان کے لیے عزت و وقار، قوت و طاقت اور باعثِ نصرت بنیں، اور اللہ رب العزت جل شانہٗ نے مشرکین کو ہر اُس کام میں ذلیل و رسوا کیا جس سے وہ عزت و قوت کے خواہاں تھے اور جہاں انھوں نے غلبہ پایا وہاں مغلوب ہوئے۔ یہ سب سرورِ کائنات دانائے حکمت ﷺ کے سیاسی حکمت وتدبّر کا نتیجہ تھا۔

آج ساری دنیا میں گندی سیاست کا دور دورہ ہے اس کی لپیٹ میں وہ ممالک بھی ہیں

جنھیں اپنے اسلامی ملک ہونے کا دعویٰ ہے۔ ضرورت اس امر کی ہے کہ آج کے اربابانِ سیاست اور حکامِ زمانہ سرورِ کائنات ، حکیم دانا، ہادیِ برحق ﷺ کے اعلیٰ ترین و زرین اصولِ سیاست کو اپنا کر آگے بڑھیں اور اپنا فاسد اور فرسودہ طریقۂ سیاست ختم کریں کہ اس میں دنیوی فلاح و بہبود کے ساتھ ساتھ اُخروی نجات کا راز بھی پوشیدہ ہے۔

***

سیرت النبی کا ایک پہلو: اخلاق حسنہ

نزہت وسیم

سیرت نبی کریم صلی اللہ علیہ وسلم بیان کرنا ہر دور کے ہر مصنف کے لیے ایک اعزاز ہے۔ بے شمار مصنفین نے اس موضوع پر قلم اٹھایا جن میں اپنے بھی شامل ہیں اور بے گانے بھی اور سیرت نبی کریم ﷺ کے ہر پہلو سے امت کو روشناس کرانے کے لیے حیات نبی ﷺ کے واقعات پر قلم آزمائی کی۔

دینِ اسلام میں عقائد کی درستگی اور پختگی کے بعد عبادات کو اہمیت حاصل ہے لیکن کہیں پر اخلاق کا درجہ عبادت سے بھی بڑھ جاتا ہے۔ اس میں شک نہیں کہ دنیا کے ہر مذہب کی بنیاد اخلاق پر ہے چنانچہ اسلام سے قبل بھی جتنے انبیاء علیہم السلام اصلاح انسانیت کے لیے تشریف لائے سب نے اپنی امت کو اخلاق سنوارنے کی ترغیب دی۔

جس طرح دوسرے تمام مذاہب کی راست تعلیمات کی تکمیل دین اسلام کرتا ہے اسی طرح تمام قسم کے احسن اخلاق کی تکمیل کا بیڑا بھی نبی آخر الزماں حضرت محمد مصطفی ﷺ نے اٹھایا۔ خود آپ ﷺ نے ارشاد فرمایا:

اِنَّمَا بُعِثْتُ لِاُتَمِّمَ مَکَارِمَ الْاَخْلَاقِ

میں تو اسی لیے بھیجا گیا کہ اخلاق حسنہ کی تکمیل کروں۔

موجودہ منتشر، تفرقہ بازی اور بے اطمینانی کے دور میں آپ ﷺ کی سیرت کے

اس پہلو پر خاص طور پر توجہ مرکوز کرنے اور آپ کے اخلاق طیبہ پر عمل کرنے کی ضرورت ہے۔ سیرت نبی ﷺ کی طرف نگاہ کریں تو آپ ﷺ اعلان نبوت سے قبل بھی اخلاق و کردار کی بلندی پر نظر آتے ہیں۔ انسانوں کے مجمع میں آپ ﷺ جو بات کہتے گھر کے خلوت کدہ میں اسی طرح دکھائی دیتے، جو دوسروں کو سکھاتے خود اس پر عمل کر کے نمونہ پیش فرماتے۔ بیوی سے بڑھ کر انسان کے اخلاق کا کون رازدان ہو سکتا ہے چنانچہ چند صحابہ نے جب حضرت عائشہ رضی اللہ عنہا سے آپ ﷺ کے اخلاق کے متعلق سوال کیا تو انہوں نے فرمایا: کیا تم قرآن نہیں پڑھتے ؟ آپ ﷺ کا اخلاق ہمہ تن قرآن تھا۔ (ابو داود)

اللہ سبحانہ و تعالی نے قرآن مجید میں جا بجا آنحضرت ﷺ کی تعریف میں کہا ہے۔

وَيُزَكِّيهِمْ وَيُعَلِّمُهُمُ الْكِتَابَ وَالْحِكْمَةَ

(الجمعہ)

اور یہ پیغمبر ﷺ انکو پاک کرتے اور انہیں کتاب و حکمت کی تعلیم دیتے ہیں۔

حکمت کا لفظ قرآن مجید میں علم و عرفان کے معنی میں بھی آیا ہے اور اس کے عملی آثار و نتائج کے معنی میں بھی، جس کا بڑا حصہ اخلاقی تعلیمات ہیں۔

گویا ایمان کی روح کے بعد دعوت محمد ﷺ کے دو بازو ہیں ایک عبادت اور دوسرا اخلاق، ایک خالق کا حق اور دوسرا مخلوق کا حق اور ان دونوں کے مجموعے کا نام اسلام ہے۔

نبی آخر الزماں ﷺ کی زندگی اس مجموعے کی مکمل نمائندہ ہے جس کا بین ثبوت حضرت خدیجہ رضی اللہ عنہا کے وہ الفاظ ہیں جو انہوں نے زمانہ آغاز وحی میں آپ کی تسلی کے لیے ارشاد فرمائے۔

"ہر گز نہیں ! اللہ کی قسم ! اللہ آپ کو کبھی غمگین نہیں کرے گا، آپ صلہ رحم کرتے ہیں، مقروضوں کا بار اٹھاتے ہیں، غریبوں کی اعانت کرتے ہیں، مہمانوں کی ضیافت کرتے ہیں، حق کی حمایت کرتے ہیں، مصیبت میں لوگوں کے کام آتے ہیں۔ (بخاری)

حضرت عائشہ رضی اللہ تعالی عنہا نے آپ صلی اللہ علیہ وسلم کے اوصاف نہایت تفصیل سے امت تک پہنچائے۔ فرماتی ہیں: آنحضرت ﷺ کی عادت کسی کو برا بھلا کہنے کی نہ تھی، برائی کے بدلہ میں برائی نہیں کرتے تھے بلکہ درگزر کرتے اور معاف فرمادیتے تھے، آپ کو جب دو باتوں کا اختیار دیا جاتا تو ان میں سے جو آسان ہوتی اس کو اختیار کرتے بشرطیکہ وہ گناہ نہ ہو، ورنہ آپ اس سے بہت دور ہوتے۔ آپ نے کبھی کسی سے اپنے ذاتی معاملے کا انتقام نہیں لیا، لیکن جو احکام الٰہی کی خلاف ورزی کرتا خدا اس سے انتقام لیتا تھا یعنی اللہ تعالی کے حکم کے مطابق آپ اس پر حد جاری کرتے تھے۔ آپ ﷺ نے نام لے کر کبھی کسی مسلمان پر لعنت نہیں کی، آپ ﷺ نے کبھی کسی غلام، لونڈی، عورت یا جانور کو اپنے ہاتھ سے نہیں مارا۔ آپ ﷺ کسی کی جائز درخواست کبھی رد نہیں کی، آپ ﷺ جب گھر آتے تو ہنستے مسکراتے تشریف لاتے، دوستوں میں پاؤں پھیلا کر نہیں بیٹھتے تھے۔ باتیں ٹھہر ٹھہر کر اس طرح بیان کرتے کہ کوئی یاد رکھنا چاہیے تو یاد کرلے۔

(بخاری، مسلم وابوداود)

اخلاق کا سب سے ضروری پہلو یہ ہے کہ انسان جس کام کو اختیار کرے اس پر ہمیشہ عمل کرے یہاںتک کہ وہ اس کی پہچان بن جائے۔ آنحضرت ﷺ اپنے تمام کاموں میں اسی اصول کی پابندی فرماتے تھے۔ سنت کا لفظ ہماری شریعت میں اسی اصول سے پیدا ہوا

ہے۔ اسی لیے جس قدر سنتیں ہیں وہ آپ ﷺ کی استقامت حال اور مداومت عمل کی ناقابل انکار مثالیں ہیں۔ آپ ﷺ تمام اخلاق و اعمال میں اس قدر پختہ تھے کہ ساری عمر ان میں ذرہ برابر فرق نہیں آیا۔

جریر بن عبد اللہ ایک صحابی ہیں جن کو دیکھ کر آپ ﷺ محبت سے مسکرا دیا کرتے تھے۔ ان کا بیان ہے کہ کبھی ایسا نہیں ہوا کہ میں خدمتِ اقدس میں حاضر ہوا ہوں اور آپ ﷺ نے مجھے مسکرا کر نہ دیکھا ہو۔ (مسلم)

حسنِ خلق کا یہ عالم تھا کہ ہمیشہ پہلے خود سلام و مصافحہ کرتے اور اس وقت تک ہاتھ نہ چھوڑتے جب تک اگلا خود ہی نہ چھوڑ دے۔ اگر کسی کی کوئی برائی، کمی یا کوتاہی علم میں آتی تو مجلس میں نام لے کر اس کا ذکر نہ کرتے بلکہ فرماتے کہ لوگ ایسا کرتے ہیں، بعض لوگوں کی عادت ہے تا کہ مخصوص شخص شرمندگی یا ذلت محسوس نہ کرے۔

آپ ﷺ کے ہاں ہر حال میں حسنِ معاملہ کا سخت اہتمام تھا۔ نبوت سے پہلے بھی جن لوگوں کے آپ ﷺ کے ساتھ تاجرانہ تعلقات تھے انہوں نے ہمیشہ آپ ﷺ کی دیانت اور معاملات کی عمدگی کا اعتراف کیا۔ اسی لیے آپ مکہ میں صادق و امین کے لقب سے مشہور تھے۔ اعلان نبوت کے بعد گو قریش بغض و کینہ کے سبب آپ کی جان کے دشمن ہو گئے لیکن ان کے مال کے لیے محفوظ جگہ آپ ﷺ کا کاشانہ ہی تھا۔ ہجرت کے پر خطر موقع پر جب قریش کے ہر قبیلے کا جنگجو آپ کے خون سے ہاتھ رنگنے کو تیار تھا آپ ان کے مال کی واپسی کا انتظام کیے بغیر گھر سے نہ نکلے اور ان مشکل ترین حالات میں بھی حضرت علی کو امانت لوٹانے کے لیے مقرر کرنا نہ بھولے۔

آپ ﷺ کا عدل و انصاف بھی کل عالم کے لیے مثال ہے۔ آپ کو عرب کے سینکڑوں قبائل سے کام پڑتا جو آپس میں ایک دوسرے کے دشمن تھے۔ ایک کے حق

میں فیصلہ کیا جاتا تو دوسرا دشمن بن جاتا۔

اسلام کی اشاعت و ترویج کے لیے ہمیشہ آپ ﷺ کو تالیف قلوب سے کام لینا پڑتا۔ ان سب مشکلات کے باوجود انصاف کا پلہ کبھی کسی طرف جھکنے نہ پاتا۔ اپنا ہو یا غیر، قبیلہ قریش سے ہو یا یہود و نصاری سے، صاحبِ ایمان ہو یا کافر عدل و انصاف کے معاملے میں آپ ﷺ کی نگاہ میں سب برابر تھے۔ یہی وجہ ہے کہ یہود بھی سخت دشمنی کے باوجود اپنے مقدمات آپ ﷺ کی ہی بارگاہ عدالت میں لاتے تھے اور ان کی شریعت کے مطابق اس کا فیصلہ ہوتا تھا۔

ایک بار آپ ﷺ مال غنیمت تقسیم فرما رہے تھے لوگوں کے ہجوم کے سبب ایک شخص آپ پر منہ کے بل آگرا۔ دست مبارک میں ایک پتلی سی چھڑی تھی آپ نے اس سے اسے پیچھے ہٹایا تو اس کے چہرے پر خراش آگئی۔ فرمایا مجھ سے ابھی بدلہ لے لو۔ اس نے عرض کی یا رسول اللہ! میں آپ پر قربان میں نے آپ کو معاف کیا۔ (ابو داود)

مرض الوفات میں آپ ﷺ نے مجمع عام میں اعلان فرمایا: اگر میرے ذمہ کسی کا قرض آتا ہو، اگر میں نے کسی کی جان و مال و آبرو صدمہ پہنچایا ہو تو میری جان و مال اور آبرو حاضر ہے اسی دنیا میں وہ انتقام لے لے۔ مجمع میں سناٹا چھا گیا۔ صرف ایک شخص نے چند درہم کا دعوی کیا جو اسی وقت ادا کر دیئے گئے۔

موجودہ دور میں جب کہ پوری انسانیت امن و سکون کی متلاشی ہے۔ طرح طرح کے نظاموں نے انسان کو مشقت میں ڈال رکھا ہے راہ حق کی تلاش میں خلقت خدا در در کی ٹھوکریں کھا رہی ہے آپ ﷺ کی تعلیمات کی پیروی اسے راہ راست پر لا سکتی ہے۔

مسلمانوں کو چاہیے کہ اپنے محبوب نبی ﷺ کی سیرت مبارکہ کی مکمل اطاعت کرتے ہوئے ایک ایسے معاشرے کی بنیاد رکھیں جہاں اسوہ حسنہ، سنت اور اخلاق نبی